100 Millionen Dollar Geldmodelle

Wie man Geld verdient

Zusammenfassung & Arbeitsbuch

ALEX HORMOZI

Haftungsausschluss

Die Informationen in diesem Buch sind nur für Bildungs- und Informationszwecke gedacht. Der Autor, der Verlag und der lizenzierte Vertreiber haben sich bemüht, sicherzustellen, dass die Informationen zum Zeitpunkt der Veröffentlichung korrekt waren. Der Autor, der Verlag und der lizenzierte Vertreiber geben keine Zusicherungen oder Gewährleistungen hinsichtlich der Marktgängigkeit, der Eignung für einen bestimmten Zweck, der aktuellen oder fortdauernden Richtigkeit oder Vollständigkeit und der Zuverlässigkeit des Inhalts dieses Buches.

Die in diesem Buch beschriebenen Strategien, Tipps und Tools sind die persönlichen Meinungen des Autors und werden ohne Gewähr bereitgestellt. Sie sollen hilfreiche und nützliche Informationen zu den in diesem Buch behandelten Themen liefern. Der Erfolg von Marketing- und Geschäftsaktivitäten hängt von einer Vielzahl von Faktoren ab, die für jede Person und jedes Unternehmen individuell sind.

Gesetze können sich ändern und je nach Ort und Gerichtsbarkeit unterschiedlich sein. Als Leser sollten Sie sich gegebenenfalls von einem Fachmann beraten lassen und die aktuellen lokalen Gesetze überprüfen, bevor Sie Marketingstrategien oder -kampagnen umsetzen.

Die Angaben des Autors zu Verdienstmöglichkeiten und Einkommen sind lediglich Wunschvorstellungen hinsichtlich Ihrer potenziellen Einnahmen. Der Erfolg des Autors und anderer hier genannter Personen, Erfahrungsberichte und andere Beispiele sind außergewöhnliche, nicht typische Ergebnisse und sollen keine Garantie dafür sein, dass Sie oder andere die gleichen Ergebnisse erzielen werden. Die individuellen Ergebnisse variieren immer und Ihre Ergebnisse hängen ganz von Ihren individuellen Leistungsfähigkeiten, Ihrer Arbeitsmoral, Ihrem Geschäft, Ihren Fähigkeiten und Erfahrungen, Ihrer Motivation, Ihrer Sorgfalt bei der Anwendung der besprochenen Strategien, der Wirtschaftslage, den normalen und unvorhergesehenen Risiken der Geschäftstätigkeit und anderen Faktoren ab, die innerhalb oder außerhalb Ihrer Kontrolle liegen.

Es gibt keine Garantie dafür, dass Sie mit den Ideen in diesem Buch überhaupt irgendein Ergebnis erzielen werden. Der Autor, der Herausgeber und der lizenzierte Vertreiber lehnen jegliche Zusicherungen oder Gewährleistungen (ausdrücklich oder stillschweigend) ab, einschließlich, aber nicht beschränkt auf die Marktgängigkeit, die Eignung für einen bestimmten Zweck, die aktuelle oder fortdauernde Richtigkeit oder Vollständigkeit und die Zuverlässigkeit. Das Vertrauen auf die bereitgestellten Informationen erfolgt ausschließlich auf Ihr eigenes Risiko. Wie hierin näher beschrieben, haften der Autor, der Verlag und der lizenzierte Vertreiber in keinem Fall Ihnen oder einer anderen Partei gegenüber für direkte, indirekte, strafbare, besondere, zufällige, spekulative oder sonstige Folgeschäden, die direkt oder indirekt aus der Nutzung und/oder dem Missbrauch dieses Buches entstehen, das „wie besehen" und ohne Gewährleistungen bereitgestellt wird.

Wie immer sollten Sie den Rat eines kompetenten Rechts-, Steuer-, Buchhaltungs-, Finanz- oder anderen Fachmanns einholen und befolgen.

Alle Aussagen, die Vorhersagen, Ziele, Erwartungen, Überzeugungen, Pläne, Prognosen, Annahmen oder zukünftige Ereignisse oder Leistungen zum Ausdruck bringen oder Diskussionen darüber beinhalten, sind keine Aussagen über historische Fakten und können „zukunftsgerichtete Aussagen" sein. Zukunftsgerichtete Aussagen basieren auf Erwartungen, Schätzungen und Prognosen zum Zeitpunkt der Äußerung dieser Aussagen und beinhalten eine Reihe von Risiken und Ungewissheiten, die dazu führen können, dass die tatsächlichen Ergebnisse oder Ereignisse wesentlich von den derzeit erwarteten abweichen.

Die Führung eines Unternehmens ist mit dem Risiko von Verlusten sowie der Möglichkeit von Gewinnen verbunden. Alle Unternehmen sind mit Risiken verbunden, und alle geschäftlichen Entscheidungen liegen in der Verantwortung des Einzelnen. Der Autor, Bumble IP, LLC, Acquisition.com, LLC und ihre verbundenen Unternehmen (zusammenfassend als „das Unternehmen" bezeichnet) geben keine Garantie dafür, dass die in diesem Buch beschriebenen Strategien für Sie oder Ihr Unternehmen profitabel oder vorteilhaft sind, und das Unternehmen haftet nicht für mögliche geschäftliche Verluste im Zusammenhang mit diesen Strategien.

Die Vertreter des Unternehmens sind Profis und ihre Ergebnisse sind nicht typisch für den Durchschnittsbürger. Der Hintergrund, die Ausbildung, der Einsatz und das Engagement von Einzelpersonen und Geschäftsinhabern beeinflussen ihre Gesamterfahrung. Alle in diesem Buch genannten Beispiele dienen lediglich der Veranschaulichung und sind keine Garantie für eine Rendite oder andere Ergebnisse. Die Ergebnisse können von Leser zu Leser variieren. Das Unternehmen übernimmt keine Gewähr für die Leistung, Wirksamkeit oder Anwendbarkeit der in diesem Buch aufgeführten oder verlinkten Websites. Alle Links dienen nur zu Informationszwecken und es wird keine Gewähr für deren Inhalt, Richtigkeit oder andere implizite oder explizite Zwecke übernommen. Alle in diesem Buch enthaltenen Informationen zum Thema Unternehmensführung und Geschäftsstrategien dienen nur zu Bildungszwecken und sind keine spezifischen Erfolgsgarantien. Obwohl bei der Erstellung dieses Buches angemessene Vorsichtsmaßnahmen getroffen wurden, übernimmt das Unternehmen keine Haftung für Fehler und/oder Auslassungen. Dieses Buch wird ohne jegliche ausdrückliche oder stillschweigende Gewährleistung oder Garantie veröffentlicht. Das Unternehmen haftet nicht für Schäden, unabhängig davon, ob diese direkt oder indirekt aus der Nutzung und/oder dem Missbrauch dieses Buches entstehen. Die Leser erklären sich damit einverstanden, das Unternehmen und seine Mitglieder, Mitarbeiter, Vertreter, Beauftragten, verbundenen Unternehmen, Tochtergesellschaften, Rechtsnachfolger und Abtretungsempfänger (zusammenfassend „Beauftragte") von allen Ansprüchen, Haftungen, Verlusten, Klagegründen, Kosten, entgangenen Gewinnen, entgangenen Chancen, indirekten, besonderen, zufälligen, Folge-, Straf- oder sonstigen Schäden und Aufwendungen (einschließlich, aber nicht beschränkt auf Gerichtskosten und Anwaltskosten) („Verluste") freizustellen und schadlos zu halten, die gegen einen der Vertreter geltend gemacht werden, ihm auferlegt werden oder ihm entstehen, die sich aus der Nutzung und/oder dem Missbrauch dieses Buches durch den Leser ergeben oder daraus entstehen. Dieses Buch dient ausschließlich zu Informations- und Bildungszwecken.

HYPOTHETISCHE PERFORMANCE-ERGEBNISSE HABEN VIELE INHÄRENTE EINSCHRÄNKUNGEN, VON DENEN EINIGE IM FOLGENDEN BESCHRIEBEN WERDEN. ES WIRD KEINE ZUSICHERUNG GEMACHT, DASS EIN UNTERNEHMEN GEWINNE ODER VERLUSTE ERZIELEN WIRD ODER WAHRSCHEINLICH ERZIELEN WIRD, DIE DEN DARGESTELLTEN ODER BESCHRIEBENEN ÄHNLICH SIND. TATSÄCHLICH GIBT ES OFT GROSSE UNTERSCHIEDE ZWISCHEN HYPOTHETISCHEN PERFORMANCE-ERGEBNISSEN UND DEN TATSÄCHLICHEN ERGEBNISSEN, DIE EIN BESTIMMTES UNTERNEHMEN SPÄTER ERZIELT. EINE DER EINSCHRÄNKUNGEN VON HYPOTHETISCHEN PERFORMANCE-ERGEBNISSEN IST, DASS SIE IN DER REGEL IM NACHHINEIN ERSTELLT WERDEN. AUSSERDEM GIBT ES BEI HYPOTHETISCHEN GESCHÄFTEN KEIN FINANZIELLES RISIKO UND KEINE HYPOTHETISCHE GESCHÄFTSBILANZ KANN DIE AUSWIRKUNGEN FINANZIELLER UND ANDERER RISIKEN IM TATSÄCHLICHEN GESCHÄFTSBETRIEB VOLLSTÄNDIG BERÜCKSICHTIGEN. BEISPIELSWEISE SIND DIE FÄHIGKEIT, VERLUSTE ZU VERKRAFTEN ODER EINE BESTIMMTE GESCHÄFTSSTRATEGIE TROTZ GESCHÄFTSVERLUSTEN BEIZUBEHALTEN, WESENTLICHE PUNKTE, DIE SICH AUCH NEGATIV AUF DIE TATSÄCHLICHEN GESCHÄFTSERGEBNISSE AUSWIRKEN KÖNNEN. ES GIBT VIELE ANDERE FAKTOREN, DIE MIT DEN MÄRKTEN IM ALLGEMEINEN ODER DER UMSETZUNG EINES BESTIMMTEN GESCHÄFTSPROGRAMMS ZUSAMMENHÄNGEN UND BEI DER ERSTELLUNG EINER HYPOTHETISCHEN PERFORMANCE NICHT VOLLSTÄNDIG BERÜCKSICHTIGT WERDEN KÖNNEN. Wenn der Begriff „dieses Buch" hier verwendet wird, bezieht er sich auf dieses Buch, seinen Inhalt und alle darin enthaltenen Informationen und Ideen.

Copyright © 2026 Bumble IP, LLC und vertrieben unter Lizenz von Acquisition.com, LLC. Die Vervielfältigung oder Übersetzung von Teilen dieses Werks, die über die in Abschnitt 107 oder 108 des US-amerikanischen Urheberrechtsgesetzes von 1976 zulässigen Grenzen hinausgehen, ist ohne die Genehmigung des Urheberrechtsinhabers unzulässig. Acquisition.com®, sein Logo und $100M®) sind eingetragene Marken von Bumble IP, LLC und werden unter einer eingeschränkten Lizenz von Acquisition.com, LLC genutzt. Alle Rechte vorbehalten, einschließlich der Rechte für Text- und Datenauswertung und das Training künstlicher Technologien oder ähnlicher Technologien.

INHALT

Wie MAN dieses Arbeitsbuch und die Zusammenfassung Benutzt 1

Beginnen Sie Hier 3

Abschnitt I: Was ist ein Geldmodell? 7
   Die vier Arten von Angeboten, die Geldmodelle ausmachen 11

Abschnitt II: Attraktions-Angebote 15
   Gewinnen Sie Ihr Geld zurück 18
   Werbegeschenke 24
   Lockangebote 29
   Kaufen Sie X und Sie bekommen Y gratis 34
   Jetzt weniger bezahlen oder später mehr bezahlen 41
   Kostenloses Goodwill-Angebot 46
   Attraktionsangebote – Fazit 49

Abschnitt III: Upselling-Angebote 51
   Der klassische Upsell 54
   Menü-Upsells 59
   Anker-Upsell 65
   Rollover-Upsell 69
   Upsell-Angebote – Fazit 74

Abschnitt IV: Downsell-Angebote 75
   Zahlungsplan-Downsells 78
   Testphase mit Strafgebühr 82
   Feature-Downsells 88
   Downsell-Angebote – Fazit 95

Abschnitt V: Fortsetzungsangebote 97
   Fortsetzungsangebote mit Boni 100
   Fortsetzungsangebote mit Rabatt 106
   Angebote mit Gebührenerlass 112
   Fortsetzungsangebote – Fazit 117

Abschnitt VI: Erstellen Sie Ihr Geldmodell 119
   Zehn Jahre in zehn Minuten 127
   Abschließende Gedanken 131
   Kostenlose Extras 134

WIE MAN DIESES ARBEITSBUCH UND DIE ZUSAMMENFASSUNG BENUTZT

Viele Leute kaufen Zusammenfassungen und Arbeitsbücher, weil die Autoren ihre Texte nicht gut redigieren. Bei *100 Millionen Dollar Geldmodelle* ist das nicht der Fall. Das ganze Buch hat nur etwa 187 Seiten mit großer Schrift und vielen Bildern und dauert als Hörbuch bei langsamer Sprachausgabe etwa 3,5 Stunden. Die meisten Leute können es in einem Rutsch lesen. Es ist also schon kurz. In dieser Zusammenfassung habe ich drei Dinge anders gemacht als im Buch:

1) Ich habe die Geschichten zusammengefasst

2) Ich habe die meisten Beispiele rausgenommen. Wenn Sie ein Konzept nicht verstehen, schauen Sie sich die Videos an, die Sie kostenlos mit diesem Buch auf meiner Website **acquisition.com/training** bekommen.

3) Ich habe die Kapitelzusammenfassungen durch Arbeitsbuch-Übungen ersetzt.

Das Ergebnis dieser Änderungen ist ein Arbeitsbuch, das die Wortzahl des ursprünglichen Buchs ungefähr um die Hälfte reduziert. Wenn Sie schneller lesen als hören (wie die meisten Leute), können Sie das ganze Bestseller-Buch in etwa 3,5 Stunden lesen. Dieses hier sollte Sie etwa die Hälfte der Zeit kosten (60–120 Minuten, je nach Lesegeschwindigkeit).

Wenn Sie das Hauptbuch schon gelesen haben, können Sie es als Wiederholung nutzen und sich auf die Übungen konzentrieren.

Wenn Sie das Hauptbuch noch nicht gelesen haben, bekommen Sie hier alles, was Sie brauchen, um die wichtigsten Konzepte in Ihrem Unternehmen anzuwenden.

BEGINNEN SIE HIER

Wo ich in meinem ersten Fitnessstudio geschlafen habe: mein „Beton-Schlafzimmer".

Ich bin also völlig pleite und lebe in meinem Fitnessstudio. Ich hatte mich über alle Ratschläge hinweggesetzt. Und als mein Fitnessstudio kein Geld einbrachte, bekam ich Angst. Und zwar schnell.

Der Typ, dem ein paar Lagerräume auf der anderen Straßenseite gehören, wird Mitglied in meinem Fitnessstudio. Er merkt, dass ich Probleme habe, und lädt mich zum Frühstück ein. Da erklärt er mir, wie man im Geschäftsleben wirklich Geld macht. Er fährt mich zu seiner Einrichtung und zeigt mir all die kleinen Details, mit denen er Geld verdient hat. Das war echt krass, zum Beispiel, wie ein „kostenloser" Monat Lagerung der Firma tatsächlich 127 Dollar einbrachte. Das war das erste Mal, dass ich mit mehrstufigen Verkaufsprozessen und mehreren Angeboten, die hintereinander angeordnet waren, um den Gewinn zu maximieren, in Berührung kam. Jahre später bezeichnete ich diese als „Geldmodelle".

***

Ein paar Jahre später habe ich sechs Fitnessstudios. Ich bin ziemlich zufrieden mit mir und bezahle diesen erfolgreichen Marketingexperten für seine Beratung. Ich erzähle ihm, wie ich Fitnessstudios eröffne – also Mitgliedschaften im Voraus verkaufe und das Geld für Geräte und so weiter verwende.

Der Clou dabei: Als ich ihm erzählte, dass ich 5 Dollar pro Lead ausgebe und 680 Dollar pro Kunde verdiene, war er total baff. Es stellte sich heraus, dass das, was ich für ganz okay hielt, eigentlich unglaublich war.

Aber dann sagt er zu mir: „Du solltest keine Fitnessstudios betreiben." Ich denke: „Was soll das denn?" Aber dann erklärt er mir, dass ich großartige Fähigkeiten in einem miesen Geschäft habe. Er sagt, ich sollte stattdessen anderen Fitnessstudio-Besitzern meine Methoden beibringen.

Das war schwer zu schlucken, aber der Typ verdiente viel mehr als ich. Also dachte ich mir, ich höre besser auf ihn. Und so kam es, dass ich mein Geschäft komplett umkrempelte.

***

Nach diesem Gespräch schloss ich mein neuestes Fitnessstudio und verkaufte die anderen fünf innerhalb der nächsten neunzig Tage. Es war verrückt. Aber dadurch hatte ich die Freiheit, mich voll und ganz auf diese neue Sache zu konzentrieren: Gym Launch.

In den nächsten Jahren flog ich durchs ganze Land und brachte Fitnessstudios auf Vordermann. Etwa 30 Fitnessstudios hatte ich auf Vordermann gebracht. Dann dachte ich: „Warum bringe ich mich mit dem Reisen um?" Also ging ich zu einem Lizenzmodell über. Im Grunde genommen half ich Fitnessstudio-Besitzern, unser bewährtes System zu befolgen, um ihre Fitnessstudios zu füllen und Geld zu verdienen, ohne dass ich persönlich vor Ort sein musste.

Es war zwar ein ziemlich kleiner Markt, aber Mann, diese Fitnessstudio-Besitzer hatten echt Probleme. Einige hatten buchstäblich Schwierigkeiten, sich zu ernähren. Aber als sie ihr Fitnessstudio innerhalb eines Monats füllen konnten, verbreitete sich die Nachricht wie ein Lauffeuer. Gym Launch boomte.

In den nächsten fünf Jahren nahm ich über 43 Millionen Dollar an Ausschüttungen mit nach Hause. Dann verkaufte ich 66 % des Unternehmens für 46,2 Millionen Dollar, alles in bar. Verrückt, oder? Mit 31 hatte ich ein Nettovermögen von 100 Millionen Dollar. Glauben Sie mir, niemand war schockierter als ich.

Danach gründeten meine Frau und ich dieses Family Office namens Acquisition. com. Wir investieren in Unternehmen, von denen wir wissen, wie man sie zum Wachsen bringt. Unser Portfolio? Es macht jetzt über 200 Millionen Dollar Umsatz pro Jahr. Wir haben unsere Finger in allem – stationäre Handelsketten, Software, Dienstleistungen, E-Commerce, was auch immer.

Das Lustige daran ist, dass wir, obwohl wir in all diesen verschiedenen Branchen tätig sind, immer noch die gleichen Prinzipien anwenden, die ich schon in meiner Zeit im Fitnessstudio angewendet habe. Das alles steht in dieser Zusammenfassung der *100 Millionen Dollar Geldmodelle*.

Und hier ist ein Bild vor unserem Hauptsitz im Jahr 2025. Cool, oder?

Was haben Sie davon?

Auf etwa einer Seite habe ich Ihnen gezeigt, wie Sie es schaffen, von finanziellen Schwierigkeiten zu einem Nettovermögen von über 100.000.000 Dollar zu kommen. Die logische Frage ist also: Wie? Antwort: *Indem Sie mit Ihren Kunden mehr Geld verdienen, als es kostet, sie zu gewinnen.* Und genau darum geht es in diesem Buch *100 Millionen Dollar Geldmodelle*.

Seit ich im Geschäft bin, hat sich die Landschaft mehr als einmal verändert. Und sie wird sich weiter verändern. Die gute Nachricht ist, dass solide Prinzipien Ihnen helfen, Geld zu verdienen, egal was passiert. Ich habe viele Geldmodelle kennengelernt. Hier stelle ich meine Favoriten vor.

100 Millionen Dollar Geldmodelle zeigt Ihnen Angebote, die sich <u>bereits bewährt</u> haben und die Sie <u>heute</u> nutzen können. Und die Anweisungen, wie Sie sie umsetzen können. Stellen Sie sich *100 Millionen Dollar Geldmodelle* wie ein Buch mit Gewinnlosen vor – Sie müssen sie nur noch einlösen.

Außerdem möchte ich klarstellen: *Dies sind meine privaten Notizen.* Wenn es hier steht, habe ich damit Geld verdient. Diese Kapitel enthalten meine Beobachtungen und Erfahrungen mit verschiedenen Unternehmen. Von lokalen Ketten über physische Produkte bis hin zu Dienstleistungen, Bildung, Software und so weiter. Und sie waren über die Jahre überall verstreut. *Bis jetzt.*

<u>Das ist mein Kochbuch zum Geldverdienen.</u>

Wie dieses Buch aufgebaut ist

Dieses Buch zeigt Ihnen *eine* wahnsinnig profitable Sache: **wie man ein 100-Millionen-Dollar-Geldmodell aufbaut.** Mit einem 100-Millionen-Dollar-Geldmodell *verdienen Sie in den ersten dreißig Tagen so viel Geld, dass die Kosten für die Gewinnung weiterer Kunden nie wieder ein Problem sein werden.* Mit so vielen Kunden werden Sie gezwungen sein, an *allen anderen* Bereichen Ihres Unternehmens zu arbeiten, um einfach nur Schritt zu halten! Ein Problem, das ein anderes Buch lösen muss (Zwinker-Smiley).

<u>Buchübersicht</u>

Beginnen Sie hier & Problem, das dieses Buch löst: *Das haben Sie gerade fertig gelesen*

Abschnitt I: Was ist ein Geldmodell? *Kommt als* Nächstes …

Abschnitt II: Attraktions-Angebote

Abschnitt III: Upselling-Angebote

Abschnitt IV: Downselling-Angebote

Abschnitt V: Fortsetzungsangebote

Abschnitt VI: Erstellen Sie Ihr Geldmodell

Das war's schon. Ganz einfach. Lassen Sie uns loslegen.

ABSCHNITT I:
WAS IST EIN GELDMODELL?

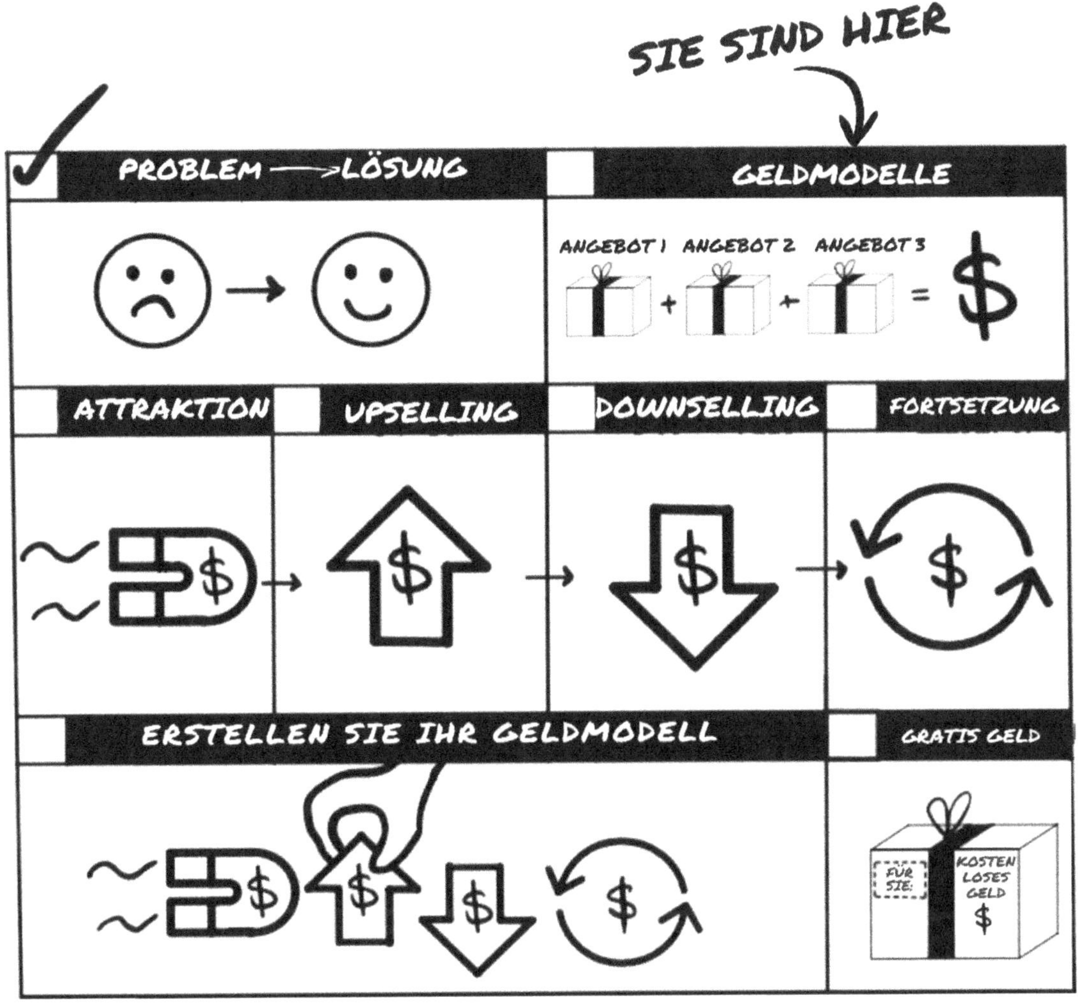

Die Geschichte mit dem Mietwagen

Ich bin also bei dieser Autovermietung, okay? Ich will ein günstiges Auto für 19 Dollar pro Tag mieten, aber passen Sie auf. Die Mitarbeiterin bietet mir alle möglichen Upgrades an – einen geräumigeren Pick-up, spätere Rückgabe, bessere Versicherung, im Voraus bezahlte Tankfüllung. Ich sage zu den meisten Angeboten „Ja, klar" und achte nicht wirklich darauf.

Als ich dann zu meinem Auto gehe, sehe ich die Quittung und BAM! Mir wird klar, dass ich 100 Dollar pro Tag statt 19 Dollar bezahle. Fünfmal so viel wie geplant!

Aber hier ist die Sache: Die Dame von der Autovermietung wusste genau, was ich wollte, bevor ich es selbst wusste. Sie löste Probleme, von denen ich nicht einmal wusste, dass ich sie haben würde. Das ist ein echt cooles Geldmodell. Und wenn die Autovermietung kein profitables Modell hätte, wäre sie wahrscheinlich nicht im Geschäft. Und ich hätte kein Auto.

Ein Geldmodell wurde umgesetzt

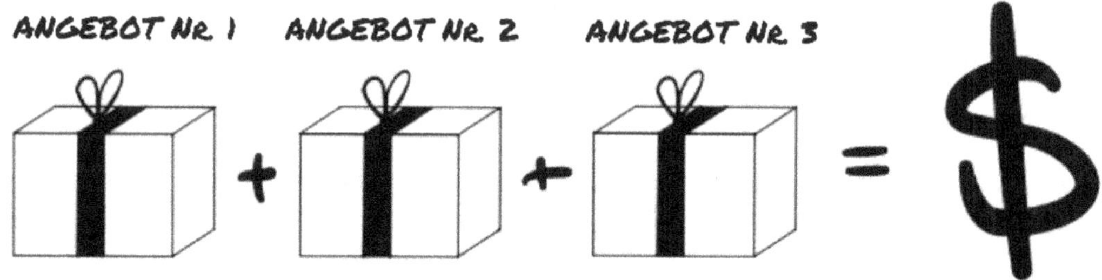

Ein Geldmodell ist eine *Abfolge von Angeboten.* Im Kern suchen wir nach jeder Möglichkeit, das Problem eines Kunden zu lösen ... und bieten dann an, es zu lösen. Aus diesem Grund haben Geldmodelle in der Regel viele Angebote in einer bestimmten Reihenfolge. Wenn Sie das Richtige anbieten, wenn Kunden erkennen, dass sie es brauchen, können Sie *so viele Angebote* machen, *wie Sie wollen.*

Das ist das Geldmodell der Autovermietung in aller Kürze:

Angebot Nr. 1 Fahrzeug-Upgrade

Angebot Nr. 2 Verspätete Rückgabe

Angebot Nr. 3: Premium-Versicherung

Angebot Nr. 4: Downsell: Mindestversicherung zum günstigeren Preis

Angebot Nr. 5: Vorausbezahlte Tankfüllung

Also ja, ich habe mehr bezahlt, *aber dafür wurden auch mehr Probleme gelöst.* Schauen wir uns mal an, welche Probleme die Angestellte der Autovermietung für mich gelöst hat:

- Sie hat mein Problem „großer Mann in einem kleinen Auto" gelöst, indem sie mir ein Fahrzeug mit mehr Platz *angeboten hat.*

- Sie hat mein Problem mit dem „späten Check-out" gelöst, indem sie mir die Flexibilität *anbot,* das Auto länger zu behalten.

- Sie hat mein Problem „Angst, das Auto zu beschädigen" gelöst, indem sie mir eine Versicherung zum Schutz davor *angeboten hat*.

- Sie hat mein Problem, meinen Flug zu verpassen, gelöst, indem sie mir *anbot*, das Benzin im Voraus zu bezahlen, damit ich das auf der Rückfahrt nicht machen musste.

... Und all diese Dinge kosteten Geld, das *ich gerne bezahlt habe*.

Die Autovermietung hatte an alles gedacht. Sie informierte mich über das Problem und *bot mir* dann *ihre Lösung dafür an*. Sie bot mir Lösungen für höhere Gebühren und möglichen Ärger später an, für die ich *jetzt* insgesamt weniger bezahlen musste.

So wurde aus meiner 19-Dollar-Miete eine 100-Dollar-Miete. Ich habe *schneller mehr Geld* bezahlt. Und jetzt sehen wir, warum die Autovermietungsbranche allein in den USA *jeden Monat* Milliarden einbringt. Ein erfolgreiches Geldmodell.

Vorsicht: Schlechte Geldmodelle ruinieren Unternehmen

Viele Unternehmen verlieren Geld, um Kunden zu gewinnen, was zu einem Teufelskreis führt:

- Sie geben Geld für Werbung aus

- Sie realisieren, dass sie Verluste machen

- Sie kürzen ihre Marketingausgaben

- Sie bekommen weniger Kunden

- Sie greifen auf persönliche Mittel oder Kredite zurück

- Sie kämpfen monatelang oder jahrelang, um die Gewinnschwelle zu erreichen

- Möglicherweise verlieren sie alles

Das muss nicht passieren. Es gibt Geld zu verdienen, aber Sie müssen wissen, wie Sie es sich holen. Traditionelle Unternehmen setzen darauf, dass sich der Gewinn mit der Zeit erhöht, um die Kosten für die Kundenakquise zu decken. Das funktioniert für große Unternehmen oder solche mit Investoren, ist aber riskant für kleine, selbstfinanzierte Unternehmen. (Wahrscheinlich Ihr Fall).

Beispiel: 100 Dollar auszugeben, um einen Kunden zu gewinnen, der 500 Dollar Gewinn bringt, klingt super. Aber wenn es zwei Jahre dauert, bis sich diese Investition amortisiert hat, könnte Ihnen vorher das Geld ausgehen.

Sie haben zwei Möglichkeiten:

1) Jahrelang auf die Bezahlung warten und hoffen, dass Sie überleben

2) Schnell bezahlt werden und so stark wachsen, wie Sie wollen

Ein gutes Geldmodell ist Option 2.

Gute Geldmodelle machen Millionäre

Wenn Sie mehr Angebote machen und die Leute sie kaufen, verdienen Sie mehr Geld. Wenn Sie mehr Geld verdienen, können Sie damit mehr Kunden gewinnen. Wenn sie Ihnen das Geld schneller zahlen, können Sie diese Kunden schneller gewinnen *und* bleiben profitabel.

Aber was wäre, wenn Sie Ihre Kunden doppelt so wertvoll machen, doppelt so viele davon gewinnen und diese Kunden doppelt so schnell gewinnen würden? Dann *würde Ihr Unternehmen achtmal schneller wachsen.* Und wenn Sie sie verdreifachen würden, *würde Ihr Unternehmen 27-mal schneller wachsen.* Verstehen Sie, worauf ich hinaus will? Sie können wirklich groß, wirklich profitabel und wirklich schnell werden – *mit nur wenigen Änderungen.* Und genau das werde ich Ihnen zeigen.

Als Nächstes

Geldmodelle sind eine Abfolge von Angeboten. Verschiedene Angebote lösen verschiedene Probleme. Wenn Sie also gewinnen wollen, müssen Sie herausfinden, was Sie *als Nächstes* anbieten können. Um das herauszufinden, müssen Sie *die vier Angebotstypen* verstehen ...

Die vier Arten von Angeboten, die Geldmodelle ausmachen

Ein Angebot zu machen ist besser als gar kein Angebot zu machen. Und mehrere Angebote zu machen ist besser als nur ein Angebot zu machen. Die Kombination von Angeboten in einer Abfolge ergibt ein Geldmodell. Meine Geldmodelle kombinieren vier verschiedene Arten von Angeboten.

Vier Arten von Angeboten

Es gibt vier Arten von Angeboten: Attraktions-Angebote, Upselling-Angebote, Downselling-Angebote und Fortsetzungsangebote. Alle verbessern unser Geldmodell, aber sie tun dies *auf unterschiedliche Weise*. Sie funktionieren einzeln hervorragend, aber zusammen machen sie Ihr Unternehmen unaufhaltsam.

1) **Attraktions-Angebote** machen aus Fremden Kunden.

2) **Upselling-Angebote** bringen Leute dazu, mehr Geld auszugeben.

3) **Downselling-Angebote** bringen Leute dazu, Ja zu sagen, wenn sie sonst Nein gesagt hätten.

4) **Fortsetzungsangebote** sorgen dafür, dass die Leute weiter kaufen.

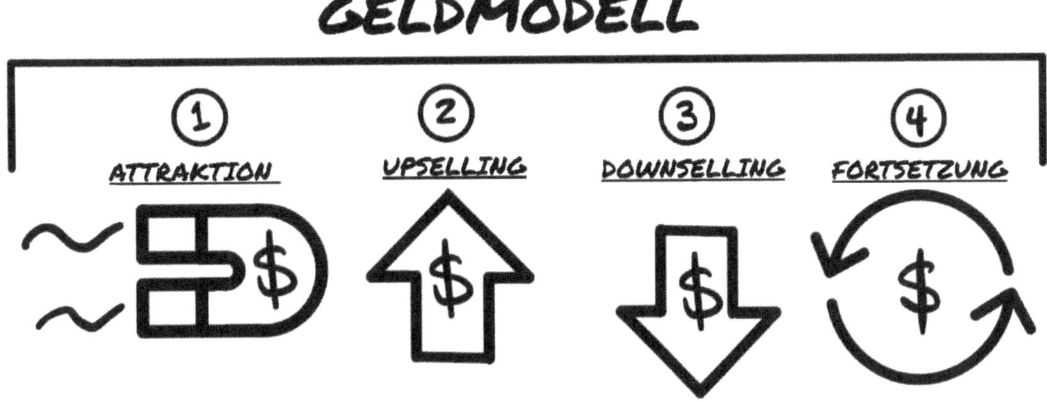

Wenn Sie sich erfolgreiche Unternehmen ansehen, werden Sie verschiedene Versionen dieser Angebote als Kernkomponenten ihrer jeweiligen Geldverdienmaschine finden. Sie können eines, zwei, mehrere oder alle vier zusammen nutzen. Sie können sie beliebig kombinieren. Aber wenn ich mir *meine* profitabelsten Unternehmen anschaue, habe ich alle vier genutzt. Das ist also meine Empfehlung.

Wie ich die Abschnitte strukturiert habe

Ich fange mit Attraktions-Angeboten an, denn wenn Sie keine Kunden bekommen, brauchen Sie zuerst eines davon. Dann behandeln wir Upselling-Angebote, gefolgt von Downselling-Angeboten. Zum Abschluss der vier Arten zeige ich Ihnen meine Lieblings-Fortsetzungsangebote *genau so, wie ich sie gelernt habe.*

Wie die einzelnen Kapitel aufgebaut sind

So liest sich der Rest des Buches:

1) **Skizzen** direkt aus meinen Notizen. Genau so, wie ich sie gezeichnet habe. Das hat mir geholfen, mich daran zu erinnern, also wird es auch Ihnen helfen, sich daran zu erinnern.

2) Die **Geschichte** (Zusammenfassung), wie ich dieses Geldmodell zum ersten Mal gelernt habe.

3) **Beschreibung**, wie das Geldmodell funktioniert.

4) **Beispiele** dafür, wie es von echten Unternehmen in der realen Welt genutzt wird.

5) **Wichtige Hinweise** und Taktiken, die das Geldmodell zum Funktionieren bringen. Diese Tipps helfen Ihnen, das Spiel *schon beim ersten Versuch* so zu spielen, als würden Sie es bereits zum hundertsten Mal spielen.

6) **Übungen,** um das jeweilige Kapitel auf Ihr Unternehmen anzuwenden.

7) Eine **begleitende kostenlose Videoschulung** zu jedem Angebot in diesem Buch – die finden Sie kostenlos unter: acquisition.com/training/money

Wichtige Hinweise, bevor Sie loslegen

1) **Wenn ein Kunde sein Geld zurückverlangt,** *geben Sie es ihm zurück.*

2) **Sagen Sie nicht: „Das wird nicht funktionieren", sondern fragen Sie: „Wie kann ich dafür sorgen, dass es funktioniert?"**

3) **Vermeiden Sie aggressive Verkaufstaktiken.** Bieten Sie Lösungen an, wenn Kunden Probleme haben. Wenn sie nicht interessiert sind, machen Sie weiter.

4) **Halten Sie sich an die Gesetze.** Die Werbebestimmungen ändern sich oft, also fragen Sie einen Anwalt, ob Ihr Angebot legal ist.

5) **Kommunizieren Sie die Fakten und seien Sie ehrlich.** Wenn Ihre Fakten nicht überzeugend sind, ändern Sie die Realität, bis sie überzeugend sind. Lügen Sie nicht.

Jedes Angebot kann jederzeit und in beliebiger Reihenfolge für sich allein genutzt werden. Ein Unternehmen funktioniert, solange es Gewinn macht. Die meisten Angebote in diesem Buch könnten diese Mindestanforderung *schon alleine* erfüllen. Wenn sie in der richtigen Reihenfolge und zum richtigen Zeitpunkt eingesetzt werden, ergeben sie ein *100-Millionen-Dollar-Geldmodell*.

ABSCHNITT II: ATTRAKTIONS-ANGEBOTE

Wie Sie Aufmerksamkeit in Geld verwandeln

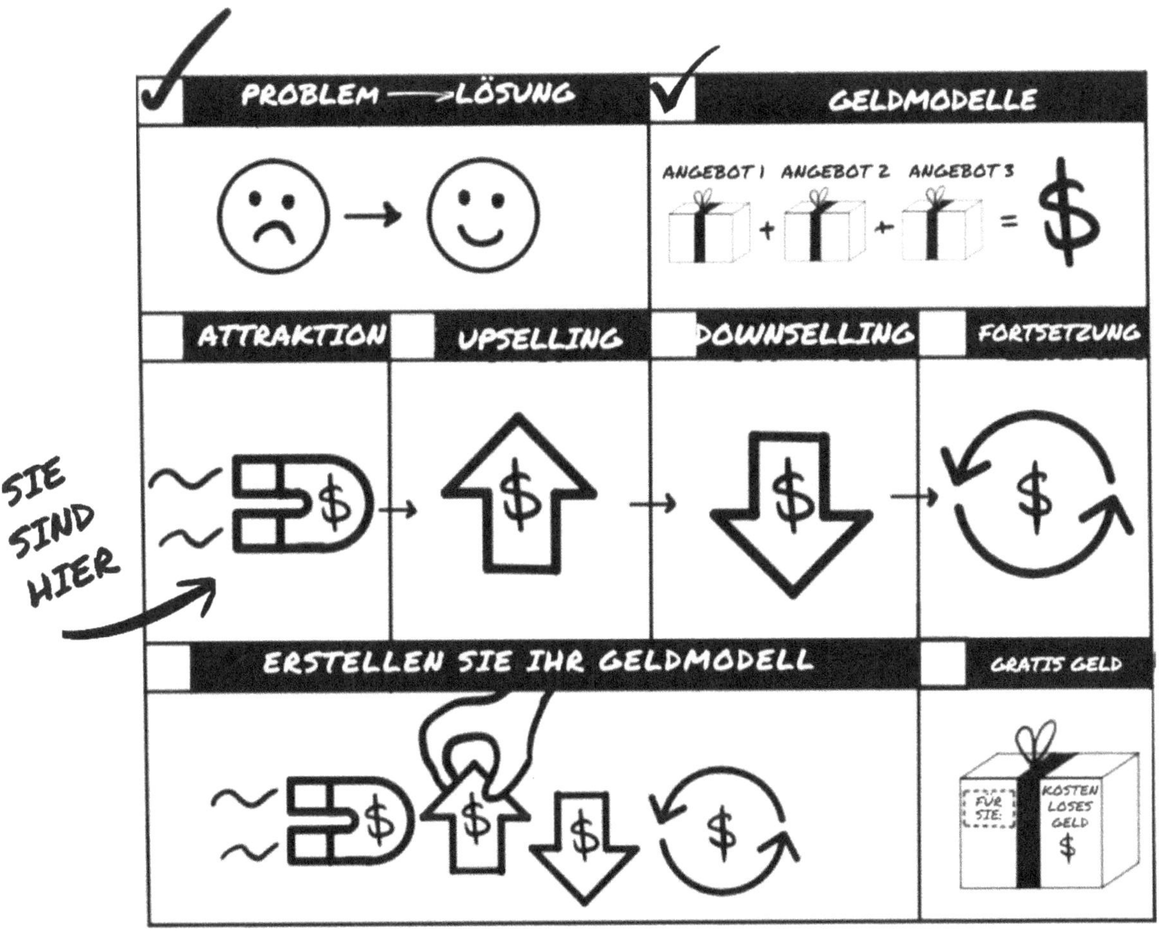

Attraktions-Angebote bringen Leads *und* machen sie zu Kunden. Sie verwandeln Werbung in Geld, indem sie etwas umsonst oder mit einem Rabatt anbieten. Wir machen das, weil jeder ein gutes Geschäft oder Schnäppchen machen möchte. Bei einem Schnäppchen bekommen Kunden *viel* mehr Wert, als sie bezahlen. Fremde können Ihnen den Wert nur glauben. Aber den Preis verstehen sie auf jeden Fall. Deshalb sind Rabatte für fast *jeden* ein guter Deal. Und je größer der Rabatt, desto besser das Angebot. Der größte Rabatt ist natürlich *kostenlos*.

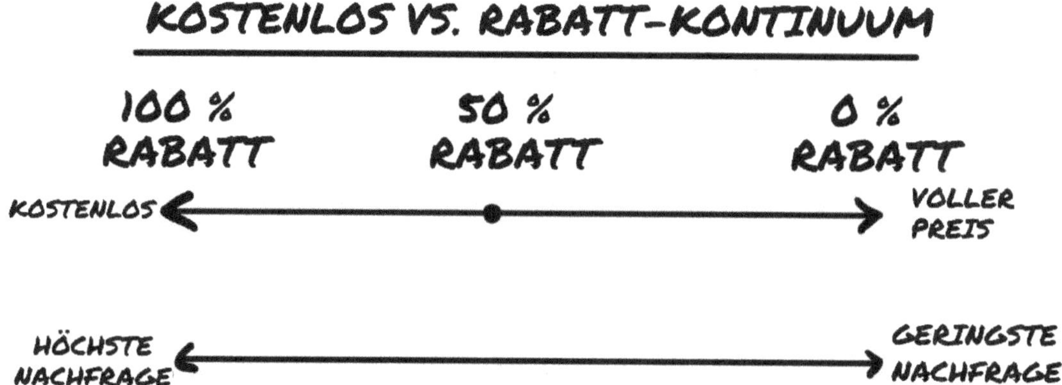

Wenn ich also „kostenlos" sage, können Sie auch „Rabatt" oder „1 Dollar" sagen. Wenn ich „Rabatt" sage, können Sie auch „kostenlos" oder „1 Dollar" sagen und so weiter. Sie alle reduzieren den Preis eines Produkts bis zu einem gewissen Grad – selbst wenn Sie einen Rabatt von 100 % geben! Wenn Sie sich eine Möglichkeit vorstellen können, einen Rabatt oder ein kostenloses Angebot einzusetzen, dann können Sie es auch tatsächlich tun. Danach können Sie Ihren Kopf verwenden, um sie nach Belieben auszutauschen.

Wie kann man also mit Gratisangeboten Geld verdienen?

Stellen Sie sich das einmal so vor: Leute suchen nach einer Sache und kaufen dann *ständig* aus Versehen etwas Anderes. Mit Attraktions-Angeboten bringen Sie sie dazu, das *absichtlich* zu machen. Aber was ist besser als Gratis-Sachen? *Mehr und bessere Gratis-Sachen.* Eine Gratis-Sache ist super. Zwei Gratis-Sachen sind noch besser. Und vielleicht *müssen sie eine kaufen*, um die beiden Gratis-Sachen zu bekommen. So verdienen wir mit Gratis-Sachen Geld.

In diesem Abschnitt zeige ich Ihnen meine fünf Lieblingsmethoden, wie man mit Gratisangeboten Geld verdienen kann:

1) Gewinnen Sie Ihr Geld zurück

2) Werbegeschenke

3) Lockangebot

4) Kaufen Sie X und erhalten Sie Y gratis

5) Jetzt weniger bezahlen oder später mehr bezahlen

Lassen Sie uns etwas Geld verdienen.

Gewinnen Sie Ihr Geld zurück

Wenn Sie innerhalb von z Tagen x machen oder y erreichen, erhalten Sie es kostenlos.

Geschichte: Juni 2013

Danny, der Besitzer eines Fitnessstudios, erzählte von einem neuen Angebot, das für ihn echt super lief. So kam er darauf:

Ein schwieriger Kunde schlug ihm einen Deal vor: 500 Dollar für acht Wochen Training, die zurückgezahlt werden, wenn er sein Ziel erreicht, im Austausch dafür, dass er seine Vorher-Nachher-Bilder für Marketingzwecke verwenden darf. Der Kunde nahm ab, bekam sein Geld zurück und kaufte dann weitere Trainingseinheiten. Und durch die Werbung mit seinen Vorher-Nachher-Bildern bekam Danny eine Menge Empfehlungen. Danny verdiente damit so viel Geld, dass er begann, das Angebot allen anzubieten. Und so entstand das „Gewinnen Sie Ihr Geld zurück"-Angebot. Er hat es mir beigebracht und ich nutze es seitdem.

Beschreibung

So funktioniert das Geld zurück-Angebot: *Sie* vereinbaren mit dem Kunden ein Ziel *und* erklären ihm, wie er es erreichen kann. Wenn er es schafft, bekommt er sein Geld *oder* den Betrag als Gutschrift zurück.

Um „sein Geld zurückzugewinnen", hat der Kunde drei Möglichkeiten: Ergebnisse erzielen, Maßnahmen ergreifen oder beides. Damit das funktioniert, müssen die <u>Ergebnisse</u> und <u>Maßnahmen</u> *einfach* nachverfolgbar sein.

<u>Ergebnisse</u>: Hier gilt: Egal, was der Kunde tut, wenn er das Ergebnis erzielt, bekommt er sein Geld zurück. Zum Beispiel: X Dollar im Monat verdienen, Y Kunden gewinnen, Z Pfund abnehmen usw. *Im Grunde genommen setzt er auf seine eigene Fähigkeit, das Ziel zu erreichen.*

<u>Maßnahmen</u>: Hier sind die Kunden dafür verantwortlich, bestimmte Maßnahmen *durchzuführen*, anstatt Ergebnisse zu *erzielen*. Egal, was sie erreichen, wenn sie tun, was Sie sagen, sie bekommen ihr Geld zurück. Zum Beispiel: an allen Sitzungen, Anrufen, Meetings teilnehmen, Fortschritte aufzeichnen, Fotos machen, Hausaufgaben machen usw. *Hier setzen sie auf ihre Fähigkeit, Anweisungen zu befolgen.*

<u>Maßnahmen</u> *und* Ergebnisse: Hier sorgen Sie dafür, dass die Kunden die Anweisungen befolgen und Ergebnisse erzielen. Wenn sie beides schaffen, können sie ihr Geld zurückgewinnen. Oft haben Leute, die ein Ziel erreichen wollen, nicht genug Fähigkeiten dafür. Selbst wenn sie auf sich selbst setzen würden, würden sie scheitern. Indem Sie ihnen ein gutes Ziel setzen *und* ihnen zeigen, wie sie es erreichen können, geben Sie ihnen eine Chance. *Hier setzen sie auf ihre Fähigkeit, Anweisungen zu befolgen, und darauf, dass Ihre Anweisungen sie zum Ergebnis führen.*

Fazit: Kunden zahlen Geld. Wenn sie bestimmte Dinge tun ODER das Ergebnis erzielen ODER beides – *bekommen sie ihr Geld zurück, entweder in bar oder als Gutschrift.*

Beispiele

Angebot für Verbraucher: Kostenloser 28-Tage-Plan

Zahlen Sie X Dollar und Sie bekommen alles zurück, wenn Sie:

- ☐ An allen Beratungsgesprächen teilnehmen.
- ☐ Einmal pro Woche Ihre Fortschritte in der Gruppe posten.
- ☐ Tägliche Einträge in unsere Tagebuch-App machen.
- ☐ An Ihrer Feedback-Sitzung und Ihrer Transformationssitzung teilnehmen.

  (Tipp: Anrufe und Meetings sind super Gelegenheiten, um mehr Angebote zu machen.)

Business-to-Business-Angebot: 5 Kunden in 5 Tagen – kostenlose Challenge

Zahlen Sie X Dollar und Sie bekommen alles zurück, wenn Sie:

- ☐ 100 Nachrichten pro Tag verschicken.

- ☐ Statistiken zu den gesendeten Nachrichten melden.

- ☐ An der täglichen Schulung teilnehmen.

- ☐ Die erledigten Hausaufgaben in der Gruppe posten.

- ☐ Am Beratungsgespräch am 5. Tag teilnehmen.

  (Tipp: Hier können Sie mehr, bessere oder neue Produkte und Dienstleistungen anbieten.)

Angebot für physische Produkte: Fahren Sie 1.000.000 Meilen mit Ihrem Auto und holen Sie sich ein kostenloses Auto

Sie bekommen ein Auto geschenkt, wenn Sie:

- ☐ Ein neues Auto bei uns kaufen.

- ☐ Das Auto 1.000.000 Meilen fahren.

- ☐ Es zurückbringen.

- ☐ Fotos machen und sich in einer Pressemitteilung abbilden lassen.

- ☐ Wir rechnen Ihnen den ganzen ursprünglichen Kaufpreis für Ihr nächstes Auto an.

  (Das war ein tatsächliches Angebot.)

Wichtige Punkte

„Gewinnen Sie Ihr Geld zurück" funktioniert geradezu magisch für Unternehmen, bei denen die Kunden sich ständig anstrengen müssen, um das gewünschte Ergebnis zu bekommen.

- Das Angebot „Gewinnen Sie Ihr Geld zurück" ist super, weil:

  - o Sie eine Menge Geld im Voraus bekommen.

  - o Sie mehr Kunden bekommen, die Ja sagen, weil Sie ihr Risiko senken.

- o Sie beeindruckende Ergebnisse für Ihre Kunden erzielen.

- o Sie mehr langfristige Kunden bekommen.

- o Ihre Kunden Werbung für Ihr Angebot machen, was Ihnen noch mehr Kunden verschafft.

- Einige Meetings als Teil der Rückerstattung der Anzahlung zu vereinbaren, bietet Ihnen eine super Gelegenheit, sich mit Ihren Kunden auszutauschen und ihnen weitere Angebote zu unterbreiten, die speziell auf ihre Bedürfnisse zugeschnitten sind.

- Viele denken, dass Unternehmen mit Leuten Geld verdienen, die das Programm nicht schaffen. Nein. Das echte Geld kommt von denen, die es schaffen *und denen Sie noch mehr zu bieten haben.* Glauben Sie mir. Je mehr Ergebnisse Sie liefern, desto mehr Geld verdienen Sie. Denken Sie langfristig.

- Gestalten Sie die Rückerstattungskriterien so, dass sie leicht nachvollziehbar, auf die Ziele der Kunden abgestimmt und für das Unternehmen hilfreich sind.

- Nutzen Sie ein Geld zurück-Angebot nur, wenn Ihre Rückerstattungsquote unter 5 % liegt. Andernfalls sollten Sie Ihr Produkt verbessern, bevor Sie dies tun. Sie riskieren sonst zu viele Rückerstattungen.

- Wenden Sie das Guthaben auf ein anderes, vorzugsweise teureres Angebot an. Sie möchten, dass die Leute Kunden bleiben ... also geben Sie ihnen die Möglichkeit dazu. Sie möchten nicht, dass die Leute aufhören, Sie zu bezahlen.

- Um mehr Umsatz zu machen und mehr Kunden zu halten, machen Sie alle heimlich zu Gewinnern. So sind alle überrascht und dankbar, wenn Sie Ihr Upselling-Angebot machen.

Übung Nr. 1: Erstellen Sie Ihr „Gewinnen Sie Ihr Geld zurück" -Angebot

1. Schreiben Sie auf, was der Kunde tun oder erreichen muss (oder beides), um sich für die Geld-zurück-Garantie zu qualifizieren. Denken Sie daran, dass die Bedingungen *leicht nachzuverfolgen* sein sollten.

    a. Maßnahmen, die der Kunde ergreifen muss, um sich für die Rückerstattung zu qualifizieren:

        i. Werbung für Sie machen _______________________

        ____

        ii. Verkaufs-Meetings, an denen er teilnehmen muss _________

        ____

        iii. Maßnahmen, die er ergreifen muss, um erfolgreich zu sein

        ____

        ____

    b. Ergebnis: ____

2. Entscheiden Sie, ob der Kunde Geld oder einen Gutschein/eine Gutschrift zurückbekommen soll:

    a. Geld ( )

    b. Gutschrift ( )

3. Überlegen Sie sich ein teureres Folgeangebot (das 5-mal so viel kostet wie Ihr ursprüngliches Angebot), auf das Sie den Gutschein anwenden können:

    ____

GRATIS-GESCHENK: Video-Schulung – „Gewinnen Sie Ihr Geld zurück"-Angebot

Ich habe mit diesem Angebot echt viel Kohle gemacht und habe noch mehr Details und Geschichten, die ich nicht alles in das Buch packen konnte. Wenn Sie das interessiert, habe ich ein kostenloses Video für Sie gemacht, ohne dass Sie sich anmelden müssen. Um es anzuschauen, gehen Sie einfach auf acquisition.com/training/money. Sie können auch den QR-Code unten scannen, wenn Sie nicht so gerne tippen.

Werbegeschenke

Ein glücklicher Gewinner bekommt ein Jahr gratis ... hier mitmachen!

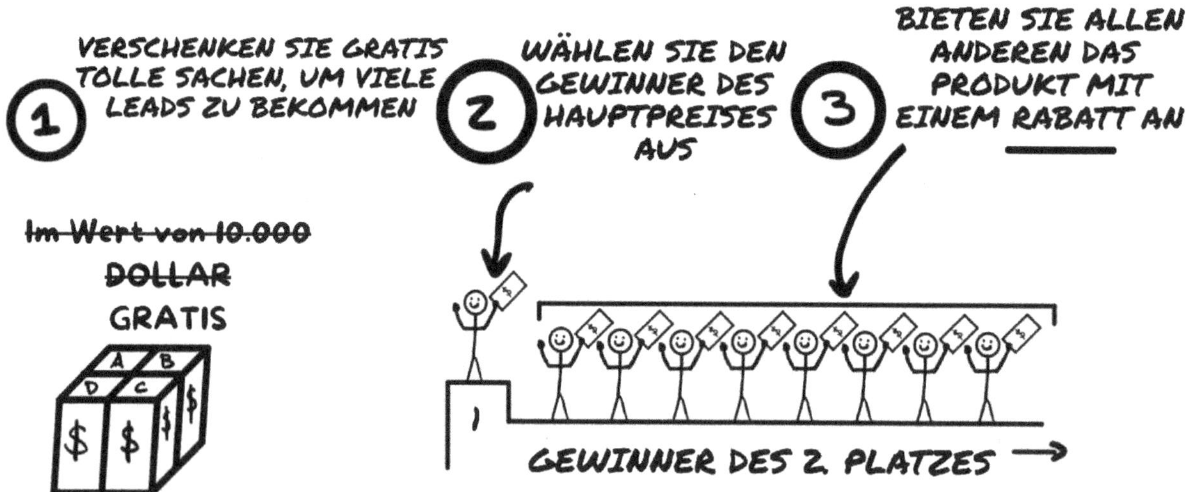

Geschichte

Ich unterhielt mich mit einem Typen, der ein Fitness-Zertifizierungsunternehmen betreibt. Er erzählte mir von dieser verrückten und cleveren Methode, mit der er Leads generiert. Hören Sie sich das an:

Seine Firma macht Werbung für ein Vollstipendium für ihr Programm. Die Leute bewerben sich und sagen, warum sie ausgewählt werden sollten. Dann gewinnt eine Person das Vollstipendium. Aber hier kommt der Clou: Das Unternehmen gibt so ziemlich allen anderen Teilstipendien.

Wenn die Mitarbeiter diese Leute anrufen, um ihnen von ihrem Teilstipendium zu erzählen, sind sie total begeistert. Die meisten melden sich sofort als Kunden an. Das Geniale daran? Diese Leute kennen den tatsächlichen Preis nicht im Voraus, aber sie wissen, wie viel das Vollstipendium wert ist. Wenn sie dann den reduzierten Preis hören, kommt es ihnen wie ein Schnäppchen vor.

Das funktioniert so gut, dass die Firma manchmal die Anmeldungen begrenzen muss. Und stellen Sie sich vor: Das Unternehmen bringt dieses Geldmodell auch den Trainern bei, die sie zertifizieren. Das heißt, es funktioniert bei Business-to-Business-Angeboten genauso gut wie bei Business-to-Consumer-Angeboten. Letztendlich generieren kostenlose Werbegeschenke viele Leads, die Interesse an *Ihrem teuersten Produkt* zeigen. Was könnte besser sein?

Beschreibung

Werbegeschenk-Angebote werben mit der Chance, einen großen Preis zu gewinnen, im Austausch für Kontaktdaten und was auch immer Sie sonst noch wollen. Nachdem Sie einen Gewinner ausgewählt haben, bieten Sie allen anderen den Hauptgewinn zu einem reduzierten Preis an. Werbegeschenke werden auch als „Gewinnspiele" und „Verlosungen" usw. bezeichnet. Sie alle bedeuten „mitmachen und gewinnen". Um ein solches Gewinnspiel anzubieten, müssen Sie:

1) Einen Hauptpreis/Hauptgewinn festlegen. Der Hauptpreis sollte *das* sein, *das Sie allen verkaufen wollen.* Legen Sie einen Geldwert für Ihren Hauptpreis fest, der als Preisanker für Ihren zweiten Preis dient. Wenn Sie beispielsweise einen Wert von 5.000 Dollar für 2.000 Dollar verkaufen, dann bewerben Sie den Wert von 5.000 Dollar! Wenn Sie mehr Empfehlungen wollen, verlosen Sie zwei Hauptpreise. Sagen Sie den Teilnehmern, dass sie ebenfalls einen Hauptpreis gewinnen, wenn jemand, den sie empfehlen, gewinnt.

2) Den Teilnahmepreis/Teilstipendiums-Preis festlegen. Der Teilstipendiums-Preis ist ein *Rabatt* auf den Hauptpreis. Und je größer der Rabatt, desto attraktiver das Angebot. (Tipp: Je höher also der Wert ist, den Sie Ihrem Hauptpreis zuweisen, desto besser!) Denken Sie daran, dass die Teilnehmer an der Verlosung teilgenommen haben, weil sie den Hauptpreis interessant fanden. Mit dem Teilstipendiums-Preis gewinnen Sie Kunden, weil Sie *ihnen* das*, woran* sie *bereits Interesse gezeigt haben,* mit einem Rabatt anbieten.

Der „Rabatt" war in der Geschichte das „Teilstipendium". Nennen Sie Ihr Teilstipendium so, wie es für Ihr Unternehmen am besten passt: Stipendium, Geschenkkarte, Rabatt, Gutschrift, Gutschein usw.

3) Kontaktdaten erfragen im Austausch für eine Gewinnchance. Darüber hinaus überprüfe ich *die Teilnahmeberechtigung* für den Gewinn und bitte Interessenten dann, *die entsprechenden qualifizierenden Handlungen* zu unternehmen.

4) Teilnahmeberechtigung klären: Ich finde heraus, ob die Leute zu meinen Produkten passen. Zum Beispiel: *„Haben Sie eine Tierarztpraxis?"* oder eher charakter-/bedarfsbezogene Fragen wie *„Warum sollten Sie ausgewählt werden?"* Sie können aus jedem Lead wertvolle Informationen gewinnen, weil Sie sie in den Teilnahmeprozess einbauen können. Holen Sie sich Informationen, die zeigen, wie Ihr Angebot den Interessenten einen Mehrwert bietet. Das ist wichtig, um später Angebote zu machen.

5) Qualifizierende Handlungen festlegen: Andere Dinge, die Teilnehmer tun müssen, um sich für den Gewinn zu qualifizieren. Ich nutze diese auch, um sie dazu zu bringen, mein Gewinnspiel stärker zu bewerben oder ein höheres Interesse zu zeigen. Beispiele:

Teilnahme an einem Anruf oder einer Veranstaltung, Verfassen eines Beitrags, Beitritt zu einer Gruppe usw.

6) Eine Frist für das Gewinnspiel setzen, um Dringlichkeit zu erzeugen. Machen Sie Ihr Gewinnspiel spannender, indem Sie es nur für eine begrenzte Zeit anbieten. Ich finde drei bis sieben Tage gut. Sobald sich Interessenten für das Gewinnspiel angemeldet haben, halten Sie sie täglich auf dem Laufenden. Teilen Sie ihnen zuerst mit, wie lange es noch dauert, bis Sie den Gewinner bekannt geben. Das können Sie per E-Mail, Direktnachricht, SMS, Social-Media-Beitrag usw. machen. Schreiben Sie so viele, wie sinnvoll ist. Einmal pro Tag auf allen Plattformen ist gut. Zeigen Sie allen die Vorteile des Hauptpreises, machen Sie den Leuten klar, wie aufgeregt sie sein sollten, und *verweisen Sie alle auf Social Proof.* Halten Sie die Spannung aufrecht! Führen Sie Ihr Gewinnspiel sieben Tage lang durch oder bis Sie so viele Teilnehmer haben, wie Sie in sieben Tagen erreichen können – je nachdem, was zuerst eintritt.

7) Den Gewinner des Hauptpreises bekanntgeben und alle anderen kontaktieren. Geben Sie den Gewinner des Hauptpreises öffentlich bekannt und schicken Sie dann allen anderen, die sich qualifiziert haben, eine private Nachricht. Das ist das Besondere daran: *So viele Leute können den Teilstipendiums-Preis/Rabatt gewinnen, wie Sie wollen.* Benachrichtigen Sie sie per SMS, E-Mail und Direktnachrichten. Bitten Sie sie in dieser Nachricht, einen Termin für ein Telefonat zu vereinbaren, um ihren Preis zu beanspruchen.

Um sicherzugehen, dass sie ihren Teilpreis einlösen, setzen Sie eine weitere Frist. Lassen Sie die Inanspruchnahme des Teilstipendiums nach sieben Tagen verfallen. Der zweite Countdown funktioniert wie der erste: Heben Sie die Vorteile hervor, verweisen Sie auf Social Proof und zeigen Sie noch mehr coole Sachen zu Ihrem Angebot. Bieten Sie den Leuten die Möglichkeit, einen Termin zu vereinbaren, um ihren Preis zu beanspruchen. Wenn Sie Probleme mit Terminausfällen haben und es gesetzlich zulässig ist, erheben Sie eine Gebühr für Nichterscheinen. Dadurch werden mehr Leute erscheinen.

Erklären Sie den Gewinnern des Teilstipendiums den Preis-Leistungs-Vorteil *anhand ihres Rabatts.* Meine Faustregel: Der Rabatt für das Teilstipendium sollte 10 % bis 30 % Ihrer Bruttomarge betragen. Nehmen wir an, wir bewerben einen Hauptgewinn im Wert von „5.000 Dollar" mit einem Verkaufspreis von 2.000 Dollar. Der Gewinner des Teilstipendiums erhält ihn für 1.800 Dollar (10 % Rabatt auf den Verkaufspreis). Wenn wir ihm mitteilen, dass er das Teilstipendium gewonnen hat, erklären wir ihm, dass er einen Wert von 5.000 Dollar für einen Preis von 1.800 Dollar erhält. Durch den Vergleich des Werts der Sache mit dem, was er bezahlt, wird aus einem Rabatt von 10 % eine Differenz von 64 % im Preis-Leistungs-Verhältnis!

Wenn jemand Ihr Hauptrabattangebot ablehnt, bieten Sie ihm ein anderes Produkt oder eine andere Dienstleistung zum Rabattpreis an. Vielleicht passt das besser zu ihm.

Fazit: Denken Sie daran – jeder, der am Gewinnspiel teilgenommen hat, hat Interesse an Ihrem Produkt gezeigt. Und wenn jemand Interesse an einem Produkt zeigt, das Sie anbieten, dann *bieten Sie es ihm an.*

Beispiel für kostenlose Werbegeschenke

Angebot eines Zahnarztes – Ein perfektes Lächeln – gratis

Hauptpreis: Ein kostenloses Set unsichtbarer Zahnspangen – Verkaufspreis 6.000 Dollar

Teilstipendium/Sonderangebot: 2.000 Dollar Gutschein für Zahnspangen

Angebot für physische Produkte – Ein Jahr lang kostenloses Bio-Hundefutter

Hauptpreis: Ein Jahr lang kostenloses Bio-Hundefutter – Verkaufspreis 1.000 Dollar

Teilstipendium/Sonderangebot: 300 Dollar Geschenkkarte für Hundefutter, *nur in Verbindung mit einem Jahresabonnement*

Dienstleistungsangebot – Kostenloses Ultimate-Programm

Hauptpreis: Kostenloses 1-Jahres-Paket – Verkaufspreis 5.000 Dollar

Teilstipendium/Sonderangebot: 2.000 Dollar Gutschein, einlösbar für einen 1-Jahres-Servicevertrag

Beratungsangebot – Kostenloses 16-Wochen-Turnaround

Hauptpreis: 16-Wochen-Turnaround – Verkaufspreis 12.000 Dollar

Teilstipendium/Sonderangebot: Teilstipendium im Wert von 6.000 Dollar

Übung Nr. 2: Erstellen Sie Ihr Werbegeschenk-/Gewinnspielangebot

1. Legen Sie Ihren Hauptpreis/-gewinn fest: _______________

    a. Entscheiden Sie, ob Sie den Hauptgewinn doppelt vergeben möchten, um Anreize für Empfehlungen zu schaffen (J / N)

2. Legen Sie Ihr Teilstipendium fest: _______________

3. Schreiben Sie die Informationen auf, die Sie sammeln wollen:

    a. Kontaktdaten: _______________

    b. Kriterien für die Teilnahme: _______________

    c. Erforderliche Handlungen: _______________

4. Setzen Sie eine Frist für: _______________

    a. Ende der Verlosung: _______________

    b. Ende der Möglichkeit der Einlösung des Preises: _______________

GRATIS-GESCHENK: Bonus-Schulung zu Werbegeschenken

Werbegeschenke/Gewinnspiele sind eines der attraktivsten Angebote überhaupt. Sie sind so gut, dass sie reguliert werden müssen. Ich meine – wer möchte nicht etwas umsonst bekommen, oder? Ich habe eine kostenloses Videoschulung erstellt, die sich ausführlich mit diesem Thema befasst. Wenn Sie dieses Thema genauso lieben wie ich, können Sie es sich unter acquisition.com/training/money ansehen. Wie immer können Sie auch den unten stehenden QR-Code scannen, wenn Sie nicht gerne tippen. Viel Spaß dabei.

Lockangebote

Welche Methode verspricht Ihrer Meinung nach die besten Ergebnisse?

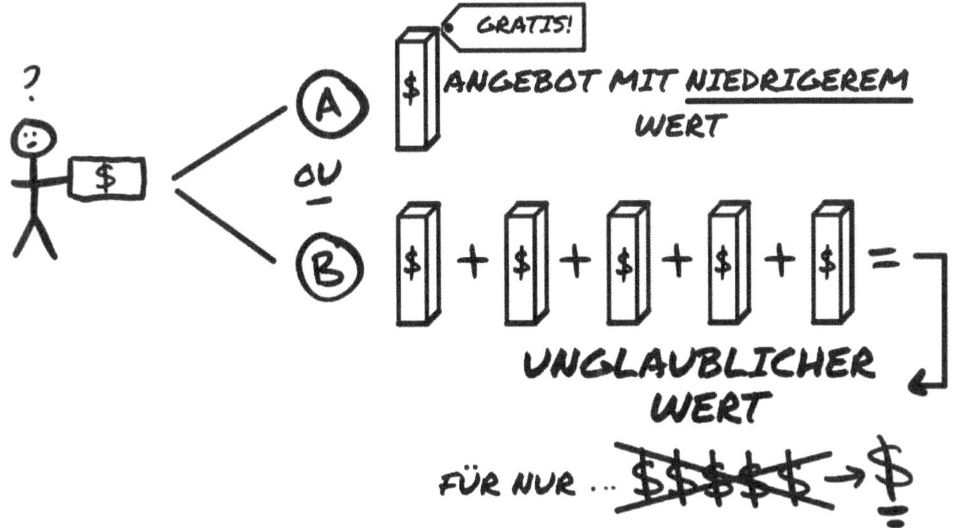

Geschichte

John war mein zweiter Mentor. Er war ein pensionierter Geschäftsmann, der mich ab und zu in sein Haus am See einlud. Wir fuhren in seinem Truck durch die Gegend und er erzählte mir stundenlang Geschichten. Er gab mir jede Menge Geschäftstipps – über Preis vs. Wert, günstige Angebote, was auch immer.

Eines Tages erzählte er mir von dieser genialen Aktion, die sie in seinem Sonnenstudio gemacht hatten – dem 5-Tage-VIP-Sonnenstudio-Pass für 5 Dollar. Hier ist der Grund, warum das funktionierte: Jeder denkt, dass man in fünf Tagen braun werden kann. Aber das geht nicht, nicht wirklich. Wenn die Kunden reinkamen, erzählten die Sonnenstudio-Mitarbeiter ihnen also, dass sie sich nicht verbrennen sollten, so wie man einen Truthahn nicht zu schnell brät. Dann sagten sie: „Hey, warum wendest du diesen 5-Dollar-Pass nicht auf eine Monatsmitgliedschaft an? Das kostet nur 19,99 Dollar für unbegrenztes Sonnenbaden. Und das ist viel billiger, als 25 Dollar pro Sonnenbank-Sitzung zu zahlen." Die Leute erkannten den Wert. Einfaches Upselling.

Fünf Jahre später leite ich mein eigenes Fitnessstudio. Wir stießen auf ein Problem: Unsere Fitness-Leads wurden wahnsinnig teuer. Ich zerbrach mir den Kopf auf der Suche nach einer Lösung und erinnerte mich dann an Johns Sonnenstudio-Pass-Methode.

Also probierten wir etwas Ähnliches aus. Wir boten eine günstige Option an, um Leute anzulocken, und schlugen ihnen dann dieses Premium-„Ultimate"-Paket für 399 Dollar vor. Es hatte alles, was das Herz begehrt, plus eine Garantie. Und das Beste daran: 70 bis 80 % der Leute entschieden sich für die teurere Option. Wir waren wieder erfolgreich.

Die wichtigste Erkenntnis? Geben Sie den Kunden jetzt, was sie wollen, damit Sie ihnen später geben können, was sie brauchen. Und machen Sie Ihr Premium-Angebot immer zum klaren Gewinner. Das ist die Kunst des Lockangebots. John hat mir das Geheimnis verraten: Man muss die Bedürfnisse seiner Kunden besser kennen als sie selbst.

Beschreibung

Lockangebote bewerben etwas, das kostenlos oder rabattiert ist. Wenn Interessenten dann mehr erfahren möchten, präsentieren Sie ihnen *auch* ein wertvolleres Premium-Angebot. Das Premium-Angebot bietet mehr Funktionen, Vorteile, Boni, Garantien und so weiter. Indem Sie Ihre Lockangebote und Premium-Angebote nebeneinander stellen, können Interessenten sehen, wie viel wertvoller Ihr Premium-Angebot ist. Ich mag Lockangebote, weil sie insgesamt mehr Kunden bringen. Entweder nehmen diese Kunden die Lockversion oder die Premium-Version. Wenn sie sich für die Premium-Version entscheiden, super. Wenn sie sich für das Lockangebot entscheiden, auch super. So haben Sie Zeit, sie zu upgraden, anstatt sie zu verlieren. Doch so oder so können Sie mit allen Geschäfte abschließen. Das macht es günstig und profitabel, neue Kunden zu gewinnen. Und *jedes* Unternehmen kann es nutzen.

Hier sind die Schritte zur Erstellung eines Lockangebots:

1) Machen Sie Werbung für eine günstigere, kleinere oder einfachere Version Ihres Premium-Angebots als Lockangebot.

2) Wenn Interessenten darauf eingehen, bieten Sie beide Optionen an, aber heben Sie die Premium-Version hervor.

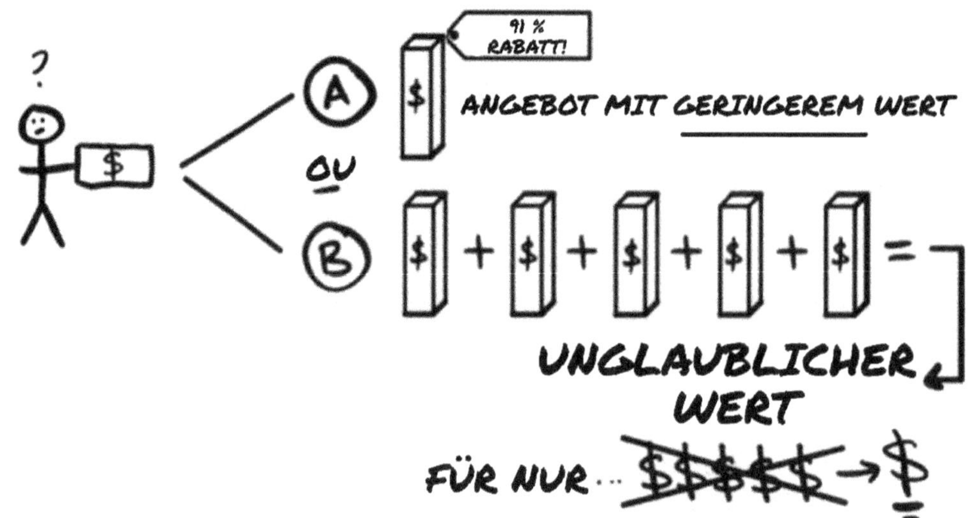

Beispiel:

Floating-Tank-Center (Dienstleistung)

Attraktions-Angebot: „6 Wochen Stressabbau gratis" ODER „6 Wochen Stressabbau für 6 Dollar".

Lockangebot: Ein Floating pro Monat mit Stressabbau-Übungen zum Selbermachen für zu Hause.

Premium-Angebot: Sechs Wochen lang zweimal pro Woche Floating, 1:1-Beratung, Tagebuch, Schlafroutine. Zufriedenheit garantiert.

Fitnessstudio-Angebot (lokales Unternehmen)

Attraktions-Angebot: „Kostenlose 21-Tage-Transformation" ODER „21-Tage-Transformation für 21 Dollar".

Lockangebot: Einmal täglich Workouts in einer Skool.com-Gruppe. Ein allgemeiner Ernährungsplan. Aufzeichnungen können angesehen werden. Keine Unterstützung. Keine Garantie.

Premium-Angebot: Unbegrenzte Workouts, ein personalisierter Ernährungsplan, 1:1-Betreuung, garantierte Ergebnisse (oder man bekommt weitere 21 Tage gratis).

Wichtige Hinweise

So erstellen Sie Ihr Lockangebot. Bieten Sie weniger Teile, ältere Modelle oder weniger personalisierte Versionen Ihres Premium-Angebots an. Nehmen Sie auch alle Garantien raus. Ihr Lockangebot soll nur dazu dienen, Leads zu gewinnen. Mehr nicht.

Bewerben Sie die Benefits, nicht die Features. Wir wollen Interessenten das Traumergebnis verkaufen. Wir bewerben eine *Transformation* in 21 Tagen, nicht Workouts und Ernährungspläne. Interessenten erhalten konkrete Produktdetails in der Verkaufspräsentation, *nicht* in der Werbung! Sowohl mit Privatjets als auch mit Ruderbooten erreichen Sie eine exotische Insel, aber die Premium-Option ist sicherlich angenehmer.

Sie können Rabatte auf vier Arten bewerben. Nehmen wir einmal an, Sie haben ein Jahresabonnement, das 100 Dollar pro Monat kostet. Wenn Sie möchten, dass die Leute 900 Dollar für das ganze Jahr zahlen, könnten Sie Folgendes sagen:

1) Prozentualer Rabatt: 25 % Rabatt

2) Absoluter Rabatt-Betrag: 300 Dollar Rabatt

3) Kostenloser Anteil: 3 Monate kostenlos

4) Das Gesamtpaket: Ein Jahr für 900 Dollar (1.200 Dollar)

Das bedeutet alles dasselbe. Es lohnt sich, zu testen, welche Variante in Ihrem Markt am besten funktioniert.

Machen Sie den Kontrast <u>richtig groß</u>. Der Wert der Premium-Option kommt von den großen Unterschieden zur Lock-Option. Also gestalten Sie die Lock-Option so einfach wie möglich. Dann machen Sie die Premium-Option so cool wie möglich. Je größer der Kontrast, *desto besser das Angebot* und desto mehr Kunden werden es annehmen. Überlegen Sie sich, mehr Funktionen, Vorteile, Boni, Garantien usw. hinzuzufügen.

Rabattangebote haben höhere Erscheinungsraten als kostenlose Angebote. Meiner Erfahrung nach bekommen Sie mehr Leads, wenn Sie ein Gratisangebot machen. Bei Rabattangeboten bekommen Sie zwar weniger Leads, aber ein höherer Prozentsatz davon kommt auch tatsächlich vorbei. Wenn Sie also niedrige Erscheinungsraten bei Terminen haben, probieren Sie es mal mit einem Rabattangebot. Das ist besonders wichtig für Unternehmen, bei denen es teuer ist, wenn jemand zu Terminen nicht erscheint (z. B. Ärzte, Anwälte, Zahnärzte usw.).

Wenn möglich, präsentieren Sie zuerst das Premium-Angebot. Im Idealfall nehmen Kunden das Premium-Angebot sofort an. Das Lockangebot heben Sie sich für später auf. Wenn Interessenten von vornherein ausdrücklich nach dem Lockangebot fragen …

Holen Sie sich die Erlaubnis, ihnen das Produkt zu verkaufen. Wenn Interessenten nach Ihrem Lockangebot fragen – denn dann sind Sie gesetzlich verpflichtet, es ihnen vorzustellen – oder wenn Sie es lieber zuerst vorstellen. Hier ist meine Vorgehensweise:

Stellen Sie Kunden eine einfache Frage: *„Sind Sie hier, um kostenlose Angebote zu bekommen oder um dauerhafte Ergebnisse zu erzielen?"*

Sobald sie „Ergebnisse" sagen, was die meisten tun werden, gehen Sie direkt zu Ihrem Premium-Angebot über.

Wenn sie „kostenlose Angebote" sagen, zeigen Sie ihnen das Lockangebot und vergleichen Sie es dann sofort mit Ihrem Premium-Angebot. Erst <u>nachdem</u> Sie <u>beide Angebote</u> vorgestellt haben, fragen Sie sie: *„Was glauben Sie, bringt Sie schneller ans Ziel?"* oder *„Was würden Sie bevorzugen: XXX weniger wertvollen Vorteil oder YYY wertvolleren Vorteil 1, 2, 3…?"* An diesem Punkt müssen sie sich für das Premium-Angebot entscheiden. Dann können Sie mit dem Verkauf fortfahren, da Sie und die Kunden sich einig sind, dass es das Beste für sie ist.

Zeigen Sie echte Begeisterung, **wenn Sie Ihr Premium-Angebot vorstellen.** Stellen Sie es als überlegen gegenüber dem Lockangebot dar, denn das ist es auch. Und erklären Sie dann, warum es deshalb besser zum Kunden passt. Ihre Begeisterung motiviert die Leute, die Optionen zu wählen, die ihnen den größten Nutzen bringen.

Aus der Sicht des Verkäufers sollten Sie mit dem potenziellen Kunden so reden, als ob Sie schon wissen, dass er Ihr Angebot annehmen wird. Viele Verkäufer nennen das „angenommener Abschluss". Man nimmt dabei folgende Position ein: *Jeder macht das. Das ist nur eine Formalität. Geben Sie mir bitte Ihren Ausweis und Ihre Kreditkarte, damit Sie Ihren Vorteil nutzen können.* Keine Übertreibungen. Seien Sie einfach freundlich. Sie sind fast schon gelangweilt davon, wie regelmäßig die Leute kaufen.

Überraschungsbonus (optional). Um noch einen Schritt weiter zu gehen, können Sie jemanden, der sich für das Lockangebot entscheidet, mit ein paar kostenlosen oder sehr günstigen Features aus Ihrem Premium-Angebot überraschen. Sagen Sie einfach etwas wie: „Hey, ich lege Ihnen das noch dazu, obwohl es eigentlich Teil unseres Premium-Angebots ist, weil ich möchte, dass Sie großartige Ergebnisse erzielen." Das schafft Wohlwollen, übertrifft die Erwartungen und erhöht die Wahrscheinlichkeit, dass der Interessent später Ihre Upselling-Angebote annimmt. Denken Sie daran: Diese Leute sind immer noch Leads!

Erwarten Sie, schnell Geld zu verdienen. Sollte das nicht der Fall sein, dann vergrößern Sie den Kontrast zwischen den Angeboten.

Übung Nr. 3: Erstellen Sie Ihr Lockangebot

1. Schreiben Sie die vier Möglichkeiten auf, wie Sie werben könnten: KOSTENLOS oder RABATT

    a. KOSTENLOS: _______________________

    b. Prozentualer Rabatt: _______________

    c. Absoluter Rabatt-Betrag: _____________

    d. Kostenloser Anteil: ________________

2. Schreiben Sie ein Lockangebot und den Preis auf: _____________

    ____

3. Schreiben Sie Ihr besseres Premium-Angebot und den Preis auf:

    ____

    ____

Kaufen Sie X und Sie bekommen Y gratis

Kaufen Sie einen Welpen und Sie bekommen zwei Welpen gratis!

Geschichte

In Nashville gibt's diesen Laden namens Boot Factory. Der ist schon ewig da und hat alle anderen Touristenfallen überlebt. Der hat dieses riesige Neonschild mit einem Cowboystiefel, der größer ist als ein Auto, und das Angebot ist echt verrückt: Kaufen Sie ein Paar und Sie bekommen zwei Paare gratis.

Als Kind fand ich das total verrückt. Wie konnten die Geschäftsinhaber mit so vielen Geschenken überhaupt überleben? Aber Jahre später, mit etwas mehr Geschäftssinn, ging ich wieder hin und plötzlich verstand ich alles.

Das Geniale daran ist: Sie erhöhen den Preis für ein Paar, um die Kosten für drei Paare zu decken. Das „endgültige Angebot" für ein Paar im Wert von 600 Dollar deckt also tatsächlich drei Paare ab. Aber so, wie sie es darstellen, hat man das Gefühl, ein wahnsinniges Schnäppchen zu machen. Und die Leute sind total begeistert davon.

Beschreibung

Bei „Kaufen Sie X und Sie bekommen Y gratis"-Angeboten bekommen Kunden beim Kauf eines Produkts andere Produkte gratis dazu. Je mehr Gratisprodukte sie bekommen und je höher deren Wert ist, desto besser funktioniert es. Gratisangebote ziehen *viel* mehr Aufmerksamkeit auf sich als Rabattangebote. Aber wenn Sie nur eine Sache zu verkaufen haben und diese verschenken, *gehen Sie leer aus.* In solchen Situationen neigen Unternehmen dazu, auf Rabatte zu setzen. Sie veranstalten „Sonderverkäufe" und nutzen Feiertage, Jahreszeitenwechsel oder andere Anlässe als Grund, um *vorübergehend* die Preise zu senken und mehr Kunden anzulocken.

Aber wenn Sie mehr als ein Produkt auf einmal verkaufen, können Sie Rabattangebote in noch attraktivere *Gratisangebote* verwandeln. Haben Sie mehr als einen Artikel, können Sie den Rabatt so hoch ansetzen, dass er den Preis für weitere Artikel abdeckt. Ich könnte zum Beispiel drei T-Shirts für 10 Dollar pro Stück für insgesamt 30 Dollar verkaufen *oder* ein T-Shirt für 30 Dollar verkaufen und zwei gratis dazu geben. Der Preis ist derselbe, aber *man bekommt viel mehr gratis!*

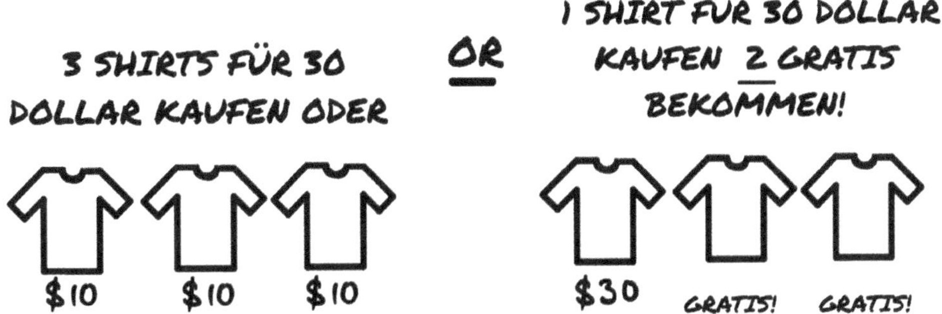

Und wenn ich einen Rabatt anbieten will (statt *nur* den Preis anders zu präsentieren), könnte ich das so machen: Ich könnte drei T-Shirts für je 6,67 Dollar verkaufen, also insgesamt 20 Dollar (33 % Rabatt), *oder* ich könnte den gleichen Rabatt beibehalten und ein T-Shirt für 20 Dollar verkaufen und zwei gratis dazu geben. Der Preis ist derselbe, aber *man bekommt wieder viel mehr gratis!*

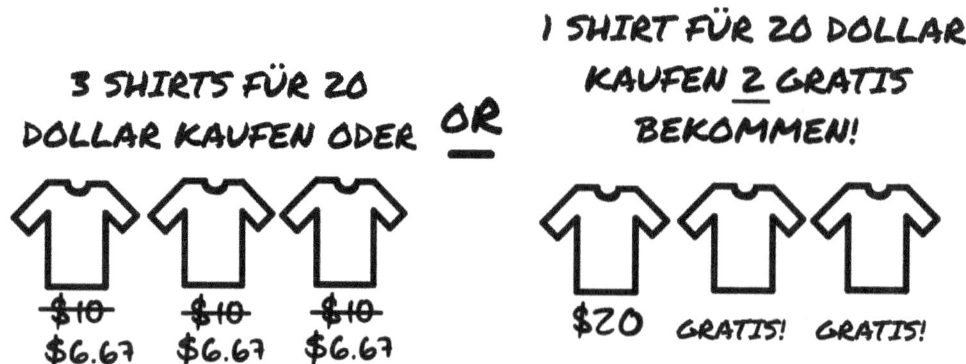

Boot Factory hat sich für die erste Option entschieden. Das Geschäft verdreifachte den Preis für ein Paar Stiefel und erhöhte den Wert ... durch mehr Stiefel. Und ein teures Paar Stiefel mit zwei Gratispaaren bringt *Boot Factory* mehr Kunden als der Verkauf eines Paares zu einem fairen Preis. Wenn man etwas *gratis* dazu gibt, zieht das noch mehr Kunden an.

Beispiele

Kaufen Sie 1 und Sie bekommen 2 gratis – Angebot für physische Produkte: (Das Angebot von *Boot Factory*)

- Ein Paar Stiefel: 200 Dollar

- Angebot „Kaufen Sie X und Sie bekommen Y gratis": Kaufen Sie ein Paar für 600 Dollar und Sie bekommen zwei Paar gratis dazu.

- Endergebnis: Die Kunden kaufen immer noch drei Paar Stiefel für je 200 Dollar, also insgesamt 600 Dollar.

3 Versionen: 18 Monate Service, auch bekannt als „3 Paar Stiefel"

Gut: *„Bezahlen Sie für 12 Monate und Sie bekommen 6 Monate gratis"* – 1.800 Dollar

Besser: *„Bezahlen Sie für 9 Monate und Sie bekommen 9 Monate gratis"* – 1.800 Dollar

Am besten: *„Bezahlen Sie für 6 Monate und Sie bekommen 12 Monate gratis"* – 1.800 Dollar

Jeder zahlt den gleichen Preis für den gleichen Serviceumfang. Aber die dritte Option ist die attraktivste. (Hinweis: Sie bietet die meisten Gratisleistungen!)

Wichtige Hinweise

„X kaufen, Y gratis dazu bekommen" bringt die Leute dazu, mehr zu kaufen, *und* bietet mehr Wert.

Erhöhen Sie die Preise, bevor Sie Sachen verschenken, um Ihre Gewinne zu sichern. Wenn Sie das nutzen, um Kunden anzulocken, wird es funktionieren. Und da es funktioniert, müssen Sie Geld verdienen. Erhöhen Sie also *dauerhaft* die Preise, um den Rabatt auszugleichen.

„X kaufen, Y gratis dazu bekommen" – das funktioniert besser, wenn Sie mehr Gratisartikel als kostenpflichtige Artikel haben.

„Zwei kaufen, eins gratis bekommen" ist nicht so attraktiv wie „Eins kaufen, zwei gratis bekommen". Damit es besser klappt, sollten Sie mehr Gratisartikel als zu bezahlende Artikel bieten. Probieren Sie einfach verschiedene Preise aus, bis es für Sie Sinn macht.

Die Gratisartikel können sich von den bezahlten Artikeln unterscheiden.

Sie können alles beliebig kombinieren. Achten Sie nur darauf, dass der Wert der *verschiedenen* kostenlosen Artikel das Angebot immer noch attraktiv macht. Beispiel: Nehmen wir an, Socken haben einen Wert von 10 Dollar. Wenn die Kunden ein Shirt für 10 Dollar kaufen, aber Socken im Wert von 20 Dollar gratis dazu bekommen, scheint das vielleicht ein besseres Angebot zu sein.

Mehr kostenlose, günstigere Artikel können besser funktionieren als weniger kostenlose, teurere Artikel.

Angenommen, ich könnte nur ein T-Shirt verschenken, aber für den gleichen Preis könnte ich drei Paar Socken verschenken. Ich würde wahrscheinlich „1 T-Shirt kaufen, 1 T-Shirt gratis" gegen „1 T-Shirt kaufen, 3 Paar Socken gratis" testen. Socken kosten weniger als ein T-Shirt, aber die Leute sehen trotzdem „<u>eins</u> kaufen, <u>drei</u> gratis bekommen". Manchmal funktionieren *mehr* günstigere Dinge besser als *weniger* teure Dinge.

Machen Sie solche Angebote nicht, wenn Sie nicht mit Geld umgehen können. Angebote wie „Kaufen Sie X und Sie bekommen Y gratis" bringen zwar viel Geld rein, aber Sie müssen auch liefern können. Wenn Sie also in einem Monat die Zahlungen für ein ganzes Jahr bekommen, *stellen Sie sicher, dass Sie auch* das ganze Jahr über *liefern können.*

Machen Sie dieses Angebot Ihren Bestandskunden, um schnell an Geld zu kommen. Wenn Sie bereits ein wiederkehrendes Geschäft haben und schnell Geld brauchen, können Sie dieses Angebot Ihren Bestandskunden machen. Beschränken Sie einfach die Anzahl der Kunden, die das Angebot annehmen können, auf 10 % Ihres Kundenstamms.

Auch wenn Kunden jetzt im Voraus bezahlen, können Sie ihnen später noch andere Sachen verkaufen. Viele Leute wollen Kunden, die im Voraus bezahlen, keine weiteren Angebote machen. Das ist ein Fehler. Aus Erfahrung kann ich sagen, dass genau diese Kunden am meisten Geld ausgeben. Machen Sie ihnen andere Angebote – und sie werden kaufen.

Wenn Kunden nur einmal kaufen, dann sorgen Sie dafür, dass sie einen großen Einkauf machen: Wenn Sie nur eine Chance haben, sollten Sie sie nutzen!

Übung Nr. 4: Formulieren Sie Ihr Angebot als „kostenlos" neu

Suchen Sie sich ein bestehendes Angebot in Ihrem Unternehmen aus (Produkt, Dienstleistung oder Paket). Formulieren Sie es als *„Kaufen Sie X und Sie bekommen Y gratis"*-Angebot um, ohne den Gesamtwert zu verändern. Beispiel: Anstelle von „3 Monate für 300 Dollar" versuchen Sie es mit „Bezahlen Sie für 1 Monat und erhalten Sie 2 gratis".

Schreiben Sie Ihre Version unten auf:

Aktuelles Angebot: _______________________________________

____

Neu formuliertes Angebot: _________________________________

____

Warum diese Formulierung überzeugender wirkt: _______________

____

Übung Nr. 5: Testen Sie die „Mehr Gratisartikel als bezahlte Artikel"-Regel

Nennen Sie drei Varianten einer *„Kaufen Sie X und Sie bekomme Y gratis"*-Idee für Ihr Unternehmen. Achten Sie darauf, dass jede Version mehr kostenlose Artikel oder Zeit als bezahlte enthält. Kreisen Sie dann diejenige ein, die für Ihr Publikum am unwiderstehlichsten klingt.

1. Kaufen Sie ___________ und Sie bekommen ___________ gratis

2. Kaufen Sie ___________ und Sie bekommen ___________ gratis

3. Kaufen Sie ___________ und Sie bekommen ___________ gratis

   Ausgewähltes Angebot: _________________________________

   ____

   Warum es gewinnt: ____________________________________

   ____

GRATIS-GESCHENK: Kaufen Sie X und Sie bekommen Y gratis – Videokurs

Kaufen Sie X und Sie bekommen Y gratis – so bekommen Sie viel Geld und viele Kunden. Sie müssen nur ein bisschen rechnen können. Ich habe ein kostenloses Video für Sie gemacht, in dem ich Ihnen ein paar weitere kreative Möglichkeiten zeige, wie Sie das nutzen können. Sie können sich das Video kostenlos unter acquisition.com/training/money ansehen. Scannen Sie den QR-Code unten, wenn Sie nicht gerne tippen.

Jetzt weniger bezahlen oder später mehr bezahlen

Zeit ist Geld. – Benjamin Franklin

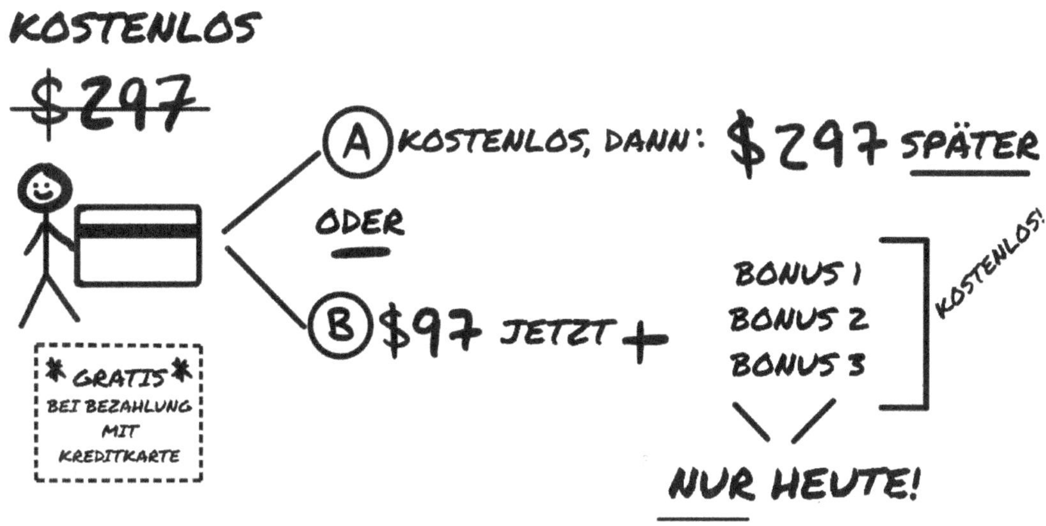

Juni 2016

Eine Überschrift hatte mich neugierig gemacht: *„Verdoppeln Sie Ihre Lesegeschwindigkeit in 3 Stunden – oder Sie zahlen nichts."* Ich öffnete den Text und überflog ihn. Darin bot der schnellste Leser der Welt ein kostenloses Training an, mit dem man seine Lesegeschwindigkeit in drei Stunden verdoppeln konnte. Also meldete ich mich an. Warum auch nicht?

Auf der Anmeldeseite stand: „Sie können Ihre Kreditkarte für 0 Dollar hinterlegen und erhalten morgen eine Rechnung über 297 Dollar. Und wenn Sie nicht doppelt so schnell lesen können, schicken Sie uns einfach vorher eine E-Mail und wir stornieren die Zahlung. Aber Sie müssen teilnehmen, um das Angebot nutzen zu können" *oder* „Sie können jetzt einfach 97 Dollar bezahlen und bekommen als Gratis-Bonus die Aufzeichnungen, die sonst nirgendwo zu kaufen sind."

Ich entschied mich für die erste Option. Ich wollte erst sehen, ob sich meine Lesegeschwindigkeit verdoppelte, bevor ich irgendetwas bezahlen würde. Ich erwartete während des gesamten Trainings, dass der Anbieter mir weitere Produkte verkaufen würde. Aber tatsächlich lieferte er einfach nur einen Mehrwert. Nach zwei Stunden hatte sich meine Lesegeschwindigkeit mit seiner Methode verdoppelt. *Beeindruckend.* Das Training hielt, was es versprochen hatte. Der Trainer hatte sich seine 297 Dollar verdient.

Danach erzählte er mir, wie ich mit seinem achtwöchigen Trainingsprogramm noch schneller lesen lernen könnte. Ich war mit meinen Ergebnissen zufrieden, also lehnte ich das Upselling-Angebot ab. Er hat mir eine Fähigkeit beigebracht, die ich bis heute nutze. Aber der wahre Wert lag darin, dass ich ein ganz neues Attraktions-Angebot kennengelernt habe.

Beschreibung

Bei „Jetzt weniger bezahlen oder später mehr bezahlen" geben Sie den Kunden die Wahl, entweder später den vollen Preis ODER jetzt einen reduzierten Preis zu bezahlen. Diese Strategie funktioniert so gut, weil wir *jedes* Risiko für den Kunden eliminieren. Er zahlt später *und* nur, wenn ihm das Produkt gefällt. So werden die Vorteile einer Zahlungsaufschiebung und einer Zufriedenheitsgarantie kombiniert. *Jeder kann das verkaufen.* Fast jeder wird zustimmen, später zu zahlen, wenn er zufrieden ist. Aber sobald Interessenten sich bereit erklären, später zu bezahlen, können Sie sie mit hohen Rabatten und wertvollen Boni dazu bringen, jetzt zu bezahlen.

Mit der Option *„Später bezahlen"* können Sie mit „kostenlos" werben, weil die Leute selbst entscheiden können, ob sie bezahlen wollen oder nicht. Das bringt Ihnen viele Leads. Aber dieses kostenlose Angebot hat noch einen Vorteil: *Wir bekommen ihre Kreditkartendaten.* Wenn sie diese Option wählen und das Produkt nicht mögen, können sie jederzeit stornieren, bevor die Zahlung erfolgt.

Wenn Kunden die Option *„Später bezahlen"* wählen, schicken wir ihnen daraufhin ein Angebot, *sofort zu bezahlen.* Bei *sofortiger Zahlung* gibt es 20–50 % Rabatt und noch mehr Boni. Und da wir ihre Kreditkartendaten schon haben, ist die Zahlung für sie ganz einfach.

Egal, ob sie sich für eine *sofortige Zahlung* oder eine *spätere Zahlung* entscheiden, Sie bekommen Kunden und wahrscheinlich auch einen gewissen Gewinn. Aber um dieses Angebot voll auszuschöpfen, brauchen Sie noch etwas Anderes, das Sie ihnen verkaufen können. Halten Sie also etwas *Anderes, Besseres, Neueres* bereit, das Sie zum richtigen Zeitpunkt anbieten können. Keine Sorge, im nächsten Abschnitt gehen wir näher auf Upselling-Angebote ein.

Beispiele:

Finden Sie Ihr erstes Immobiliengeschäft – kostenloser 3-tägiger Workshop

<u>Später bezahlen</u>: 0 Dollar für einen 3-tägigen Workshop. Am Ende werden 500 Dollar fällig, es sei denn, Sie sagen ab.

<u>Jetzt bezahlen</u>: 299 Dollar für einen 3-tägigen Workshop plus Aufzeichnungen, ein persönliches Gespräch mit einem zertifizierten Experten für notleidende Immobilien sowie gedruckte Materialien (die beim Workshop ausgehändigt werden).

<u>Upselling</u>: 30.000 Dollar für die Begleitung bei allen weiteren Schritten zum Abschluss Ihres ersten Geschäfts innerhalb von sechs Monaten *plus*: rechtliche Vorlagen, Berater zur Prüfung der Investition, Checkliste für die Besichtigung usw.

Lokale Dienstleistung: Heckenschneiden kostenlos

<u>Später bezahlen</u>: 0 Dollar für Rasenmähen und Heckenschneiden, danach 599 Dollar.

<u>Jetzt bezahlen</u>: 369 Dollar für Rasenmähen, Heckenschneiden und Rasenbehandlung.

<u>Upselling</u>: 199 Dollar pro Monat für Rasenpflege.

Der Vertreter kommt zum Kunden nach Hause, erstellt einen Kostenvoranschlag, bietet beide Optionen an und verkauft nach Abschluss der Arbeiten weitere Produkte.

Physische Produkte: 14-tägige Testphase für Kleidung

<u>Später bezahlen</u>*: Jetzt 0 Dollar. Sichern Sie sich dieses Angebot. Dann werden Ihnen in 14 Tagen 149 Dollar in Rechnung gestellt.

<u>Jetzt bezahlen</u>: 97 Dollar für das Kleidungsstück plus ein passendes Accessoire.

<u>Upselling</u>: Zum Kleidungsstück gibt es ein Angebot für ein monatliches Abonnement für weitere Kleidungsstücke dieser Art.

**Kunden müssen das Produkt in neuwertigem Zustand vor der Rechnungsstellung zurückgeben, um die Garantie in Anspruch nehmen zu können.*

Wichtige Hinweise

Versprechen Sie ein klares Ja- oder Nein-Ergebnis. Erstens: Machen Sie Ihr Versprechen mit einem klaren Ja- oder Nein-Ergebnis. Zweitens: Stellen Sie sicher, dass Sie es in der versprochenen Zeit einhalten können. Wenn Sie das nicht können, werden Ihre Kunden verlangen, dass ihnen keine Rechnung gestellt wird. Halten Sie das Versprechen einfach, klar und messbar. So vermeiden Sie unnötige Stornierungen.

Geben Sie eine bedingte Zufriedenheitsgarantie. *Kunden können die Rechnung nur stornieren lassen, wenn sie die Bedingungen erfüllen.* Achten Sie also darauf, die notwendigen Bedingungen festzulegen. Denken Sie an: Teilnahme, Erscheinen zu einem Termin, Einreichen von Daten usw. Legen Sie die Kriterien so fest, dass die Kunden den größtmöglichen Nutzen aus dem Produkt ziehen können.

Optimieren Sie Ihre „Jetzt bezahlen"- und „Später bezahlen"-Angebote. Wenn zu viele Leute die „Später bezahlen"-Option wählen, machen Sie die „Jetzt bezahlen"-Option günstiger, bieten Sie bessere Boni an oder tun Sie beides. Wenn zu viele Leute die „Jetzt bezahlen"-Option wählen, machen Sie das Gegenteil.

- Die Option *„Später bezahlen"* beinhaltet einen Zahlungsaufschub mit einer bedingten Garantie.

    o Legen Sie klare Kriterien für die Inanspruchnahme der Garantie fest und sorgen Sie für einfache Möglichkeiten, diese zu überprüfen.

    o Wenn möglich, sollten die Kriterien darauf abgestimmt sein, was den Kunden den größten Nutzen aus dem Produkt bringt.

- Die Option *„Jetzt bezahlen"* bietet einen Rabatt von 20 bis 50 % und Boni, *wenn Kunden sofort bezahlen.*

    o Bieten Sie Kunden die Option *„Jetzt bezahlen"* an, <u>nachdem</u> sie die Option *„Später bezahlen"* akzeptiert haben.

    o Wenn sie sich für *„Jetzt bezahlen"* entscheiden, bekommen sie den Rabatt und die Boni *anstelle* der Garantie.

Wenn mehr als 10 % der Leute, die „später bezahlen" wollen, ihre Zahlung stornieren. Sie haben zu viel versprochen, die Garantiebedingungen sind zu niedrig oder der Preis ist zu hoch. <u>Hinweis:</u> Egal, wie gut Sie liefern, *einige* Kunden werden ihre Zahlung stornieren. Das ist in Ordnung. Rechnen Sie das einfach in Ihre Geschäftskosten ein. Achten Sie besonders auf diejenigen, die vor Ablauf der Stornierungsfrist behaupten, dass sie nicht das bekommen haben, was ihnen versprochen wurde.

Das funktioniert auch für Unternehmen mit wiederkehrenden Einnahmen. Sie geben den Kunden einfach die Option, entweder 30 Tage später einen höheren Preis zu zahlen *oder* heute weniger zu zahlen und den niedrigeren Preis für immer zu behalten. Und legen Sie noch ein paar Extras drauf. Weitere Details finden Sie in *Abschnitt V: Fortsetzungsangebote, Kapitel: Fortsetzungsangebote mit Boni.*

Übung Nr. 6: Erstellen Sie Ihr „Jetzt weniger bezahlen oder später mehr bezahlen"-Angebot

Verwenden Sie die Vorlage unten, um Ihre eigene Version dieser Angebotsstruktur zu entwerfen. Achten Sie darauf, dass die „Später bezahlen"-Version eine bedingte Garantie enthält und die „Jetzt bezahlen"-Version einen Rabatt und Boni.

„Später bezahlen"-Angebot: _______________________________

„Jetzt bezahlen"-Angebot: _______________________________

Garantiebedingung (z. B. Teilnahme, Nutzung): _______________

____

Übung Nr. 7: Identifizieren Sie ein klares Ja/Nein-Versprechen

Schreiben Sie ein einfaches, messbares Ergebnis auf, das Ihr Produkt oder Ihre Dienstleistung versprechen könnte und das während einer kostenlosen oder Probezeit klar nachverfolgt werden kann. Achten Sie darauf, dass es sich um ein „Ja"- oder „Nein"-Ergebnis handelt.

Vorher: ____

Nachher: ____

Wie ich den Erfolg messen werde (Metrik oder Bedingung): _____________

____

GRATIS-GESCHENK: Jetzt weniger bezahlen oder später mehr bezahlen – Schulung [keine Anmeldung erforderlich]

Das ist eins der kreativsten Angebote, die ich je gesehen oder genutzt habe. Es funktioniert super mit digitalen Produkten und kurzfristigen Dienstleistungen. Diese Angebote können enorm effektiv sein und außerdem für ein gutes Gefühl sorgen. Außerdem ist es super einfach, sie Verkäufern beizubringen. Wenn Sie mehr darüber erfahren möchten, habe ich eine ausführliche Schulung für Sie kostenlos unter acquisition.com/training/money bereitgestellt. Scannen Sie den untenstehenden QR-Code, um schnell und einfach darauf zuzugreifen.

Kostenloses Goodwill-Angebot

Wer sagt, dass man Glück nicht kaufen kann, hat noch nicht genug verschenkt.

„Ich bin seit 2018 querschnittsgelähmt und lebte von Sozialhilfe, bis ich auf deine Inhalte und dein Buch gestoßen bin … In den folgenden 12 Monaten habe ich als Freiberufler 50.000 Dollar verdient." – Danny W.

Ich habe eine Frage an Sie …

<u>Würden Sie jemandem helfen, den Sie nicht kennen, wenn es Sie nichts kostet, Sie aber keine Anerkennung dafür bekommen?</u>

Die meisten Leute beurteilen ein Buch tatsächlich nach seinem Einband. Deshalb bitte ich Sie im Namen eines kämpfenden Unternehmers, den Sie noch nie getroffen haben: **Helfen Sie diesem Unternehmer, indem Sie eine Rezension zu diesem Buch verfassen. Ihre Rezension hilft …**

… einem weiteren kleinen Geschäft wie dem von Bill, für seine Gemeinde zu sorgen. In Bills eigenen Worten: *„Ich habe Anfang 2022, kurz nachdem ich „100 Millionen Dollar Angebote" entdeckt hatte, eine Pizzeria eröffnet. Der Umsatz lief zunächst schleppend, aber wir haben es geschafft! Nachdem ich „100 Millionen Dollar Leads" gelesen hatte, setzten wir viele Sachen um, zum Beispiel, dass Kunden ein Jahr lang kostenlose Pizza gewinnen können, wenn sie an die örtliche Tafel spenden. Ich habe schon längst aufgehört zu zählen, wie viele neue Kunden wir durch diese Aktionen für die Gemeinde gewonnen haben. Das beweist eindeutig, dass diese Maßnahmen für jede Art von Unternehmen funktionieren. Vielen Dank!"* – Bill T.

... noch einem Unternehmer wie Thomas, seine Familie zu unterstützen. In Thomas' eigenen Worten: *„Nach zehn Jahren wurde ich aus meinem 9-to-5-Job entlassen. Aber dann habe ich dein Buch entdeckt und ein Reiseleiterunternehmen in Colorado gegründet. Zwei Jahre später haben wir schon fünf Mitarbeiter! Ich habe das Gelernte direkt umgesetzt und mir meinen Traum erfüllt. Jetzt sind meine Kinder und meine Frau glücklicher denn je."*

... weiteren Angestellten wie den Mitarbeitern von Miguel, eine sinnvollere Arbeit zu haben. In Miguels eigenen Worten: *„Ich habe das Buch geschenkt bekommen und beschlossen, es an meine sechs Mitarbeiter weiterzugeben. Seitdem hat sich unser Unternehmen total verändert und wächst jeden Monat weiter. Ich habe es auch meinen unabhängigen Trainern gegeben. Vielen Dank."*

Wenn Sie sich sagen, dass Sie es später machen werden, dann tun Sie es doch bitte jetzt. Es dauert weniger als 60 Sekunden, um das Leben von jemandem für immer zu verändern.

<u>Wenn Sie Audible nutzen</u>, klicken Sie auf die drei Punkte oben rechts auf Ihrem Gerät, dann auf „Bewerten & Rezension schreiben" und hinterlassen Sie ein paar Sätze zum Buch mit einer Sternebewertung.

<u>Wenn Sie auf dem Kindle oder einem E-Reader lesen</u>, scrollen Sie bis zum Ende des Buches und wischen Sie nach oben – dann werden Sie gebeten, eine Bewertung abzugeben.

<u>Sollten sich diese Funktionen aus irgendeinem Grund geändert haben</u>, können Sie bei Amazon (oder wo auch immer Sie das Buch gekauft haben) direkt auf der Buchseite eine Rezension hinterlassen.

Wenn Sie gerne einem unbekannten Unternehmer helfen, sind Sie genau mein Typ. Willkommen bei #mozination. Sie gehören zu uns.

Umso mehr freue ich mich, Ihnen dabei zu helfen, mehr Geld zu verdienen, als Sie sich vorstellen können. Die Taktiken, die ich Ihnen in den nächsten Kapiteln zeigen werde, werden Ihnen gefallen. Ich danke Ihnen von ganzem Herzen. Nun zurück zu unserem regulären Programm.

– Ihr größter Fan, Alex

Übung Nr. 8: Bitte hinterlassen Sie eine Bewertung, wenn Ihnen das geholfen hat.

Bitte hinterlassen Sie eine Bewertung für dieses Arbeitsbuch und die Zusammenfassung, damit andere Unternehmer es finden können (wenn Sie es für lohnenswert halten). :)

Attraktionsangebote – Fazit

Extra! Extra! Hört alle her!

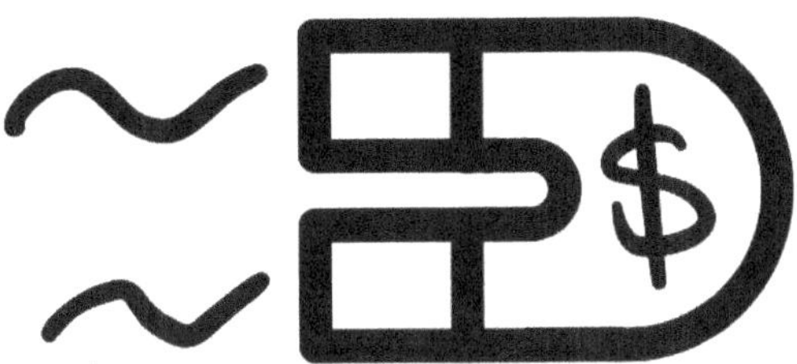

Der Sinn von Attraktionsangeboten ist, Fremde zu Kunden zu machen. Und zwar so, dass wir im Voraus mehr Geld bekommen. Im Idealfall bekommen wir genug Geld, um die Kosten für den Kunden und die Kosten für die *mehrfache* Lieferung unseres Produkts zu decken. So können wir unsere Ausgaben zurückzahlen *und* unseren nächsten Kunden gewinnen.

Ich habe Ihnen die fünf besten Attraktionsangebote gezeigt, die ich kenne und selbst schon eingesetzt habe: Geld zurück, Werbegeschenke, Lockangebote, X kaufen, Y gratis dazu bekommen und Jetzt weniger bezahlen oder später mehr bezahlen. Ich habe sie alle schon einmal in jedem meiner Unternehmen angewendet.

Durch die Nutzung von Attraktionsangeboten haben wir mehr Kunden gewonnen. Und jetzt, wo wir sie haben, müssen wir unseren 30-Tage-Gewinn steigern, indem wir ihnen mehr verkaufen. Das führt uns zum nächsten Bestandteil eines 100-Millionen-Dollar-Geldmodells – Upselling-Angebote: *Was Sie als Nächstes anbieten sollten.*

Übung Nr. 9: Wählen Sie Ihr Attraktionsangebot

1. Wählen Sie das Attraktionsangebot, mit dem Sie beginnen möchten:

    a. Bekommen Sie Ihr Geld zurück (   )

    b. Werbegeschenke (   )

    c. Lockangebote (   )

    d. Kaufen Sie X und erhalten Sie Y gratis (   )

    e. Jetzt weniger bezahlen oder später mehr bezahlen (   )

2. Schauen Sie sich Ihre Antworten aus den Übungen dieses Kapitels an und legen Sie los.

ABSCHNITT III:
UPSELLING-ANGEBOTE

Möchten Sie Pommes dazu? – McDonald's berühmtes Upselling

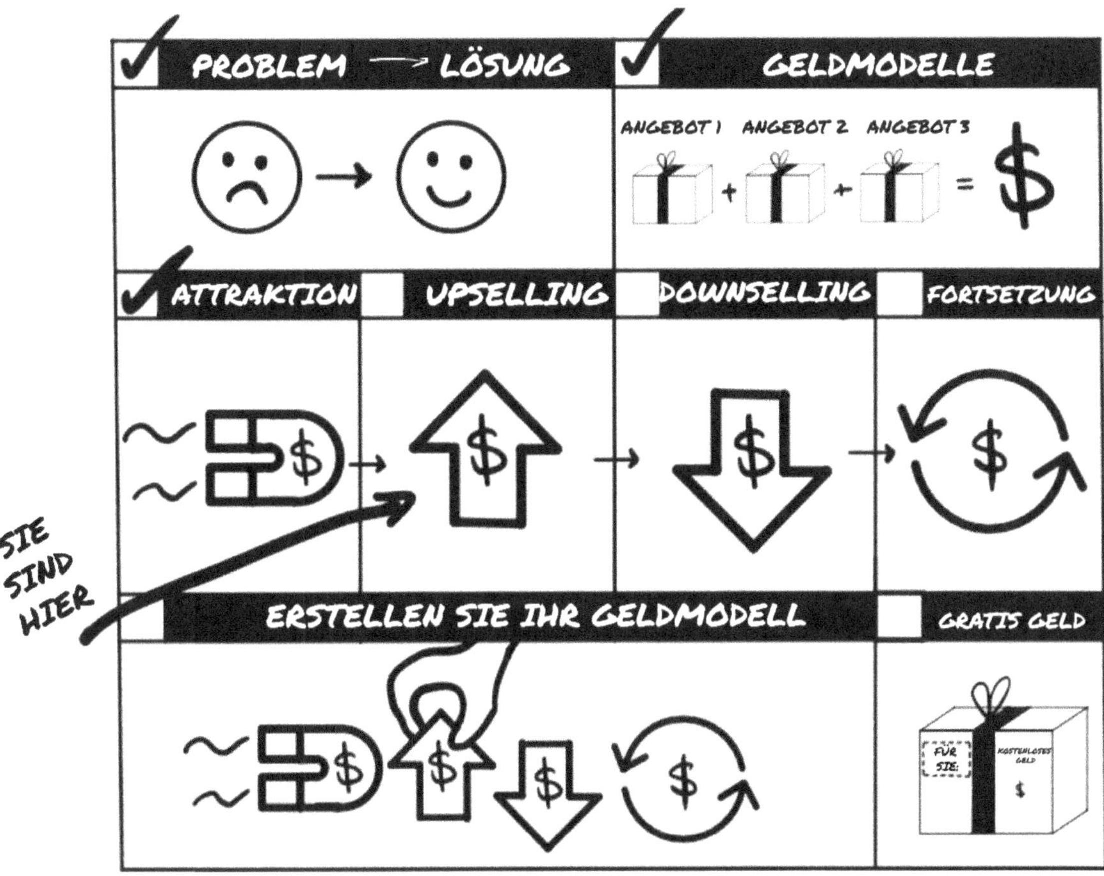

Wie Upsells funktionieren

Wenn ein Angebot ein Problem löst, taucht ein neues auf. Mit einem *Upsell* verkaufen Sie die Lösung für das neue Problem, das Ihr Angebot aufzeigt. Oft machen Upsells den Großteil des Gewinns aus. Sie entscheiden über Erfolg oder Misserfolg eines Geldmodells.

Nehmen wir an, ein Burgerladen macht 0,25 Dollar Gewinn mit einem 2,00 Dollar teuren Burger. Wenn das das einzige Angebot wäre, müsste er täglich etwa 10.000 Burger verkaufen, um die Kosten zu decken und *gerade so* über die Runden zu kommen.

Aber der Burgerladen hat noch mehr zu bieten als nur Burger. Die Angestellten fragen: *„Möchten Sie Pommes dazu?"* Wenn die Antwort „Ja" lautet, verdienen sie weitere 0,75 Dollar und fragen: *„Möchten Sie ein Menü?"* Damit kommt ein Getränk dazu. Wenn jemand „Ja" sagt, verdienen sie *zusätzlich* 1,75 Dollar. Ihr Gewinn steigt von 0,25 Dollar auf 2,00 Dollar – eine *Verachtfachung*. Und obendrein bieten sie noch ein drittes Upsell an: *„Möchten Sie Ihr Menü für nur einen Dollar mehr vergrößern?"* Damit steigt der Gewinn von mageren 0,25 Dollar auf satte 3,00 Dollar – *eine Steigerung um das 11,6-Fache*. Und jetzt hat dieser kleine Burgerladen tatsächlich eine Chance auf Erfolg.

Ich zeige dieses einfache (und gängige!) Beispiel, um auf eine Sache *hinzuweisen*: Ihr erstes Angebot bringt *nicht immer* den Gewinn. Mit anderen Worten: *Das, was Sie am meisten verkaufen, ist nicht immer das, womit Sie den größten Gewinn machen.* Den machen Sie mit dem zweiten, dritten und im Fall des Burgergeschäfts mit dem vierten Angebot und darüber hinaus. Wenn McDonald's keine Pommes und Limonade dazu verkaufen würde, gäbe es kein McDonald's. Wenn Sie gewinnen wollen, müssen Sie Ihre eigene Version von *„Möchten Sie Pommes dazu?"* finden. Wenn Sie das nicht tun, werden es andere tun.

Upsells scheitern, wenn:

- Sie etwas anbieten, das Kunden nicht wollen (zu abweichend oder löst ihr Problem nicht).

- Sie es zur falschen Zeit anbieten (bevor Kunden das Problem erlebt haben).

- Sie es auf die falsche Art anbieten (Kunden glauben Ihnen nicht).

- Oder eine Kombination aus all dem besteht.

Zusammenfassend lässt sich sagen, dass Upsells in der Regel Folgendes anbieten:

- *Mehr* von dem, was Kunden gerade bekommen haben (denken Sie an Quantität) – *Warum nur einen Burger essen, wenn man zwei haben kann?*

- *Bessere* Versionen davon (denken Sie an Qualität) – *Warum sollte man Fleisch aus unbekannter Herkunft essen, wenn man Rinderfilet haben kann?*

- *Neue* oder ergänzende Produkte (denken Sie an etwas Neues) – *Möchten Sie Pommes und ein Getränk zu Ihrem Burger?*

Ich nutze vier einfache und äußerst effektive Upsell-Angebote:

- Den klassischen Upsell

- Menü-Upsells

- Anker-Upsells

- Rollover-Upsells

Mit nur wenigen kleinen Anpassungen können Sie sie schon heute in Ihr Unternehmen integrieren. **Achtung**: Dieser Abschnitt ist wirklich sehr effektiv und sollte nur ethisch einwandfrei eingesetzt werden. Nachdem das gesagt ist, lassen Sie uns Geld verdienen.

Der klassische Upsell

Sommer 2016.

Ich saß mit einem Mentor aus meiner Kindheit, einem Pelzhändler in vierter Generation, in einem schicken Restaurant. Er fing damit an, zu erklären, wie überteuert das Essen war. Das Gespräch wandte sich einem anderen Thema zu und er erwähnte, dass ich „jetzt im Geschäft" sei. Wir fingen an, darüber zu reden, wie er die „Sommerlagerung" für Pelzmäntel erfunden hatte und damit jedes Jahr Millionen verdiente. Aufgeregt erzählte er mir von dem neuen Geschäftsmodell seines Unternehmens:

„Wir werben mit kostenlosen Ohrenschützern bei der Lagerung von Mänteln. Und jetzt pass auf: Wenn die Kunden kommen, um ihre Ohrenschützer abholen und ihre Mäntel einlagern zu lassen, sagen wir: *,Super. Die lagern wir auch für 30 Dollar ein. Sie möchten nichts anderes einlagern, oder?'* Und natürlich sagen sie Nein."

„Moment mal, ihr bringt sie dazu, für zusätzlichen Stauraum für die kostenlosen Ohrenschützer zu bezahlen, indem ihr sie dazu bringt, Nein zu sagen?"

Er hatte mir gezeigt, wie er Kunden dazu brachte, ihre kostenlosen Ohrenschützer aufzubewahren, indem er sie dazu brachte, zu sagen, dass sie *nichts anderes* aufbewahren wollten. Das nennt man einen angenommenen Abschluss, auf den wir gleich noch eingehen werden.

Beschreibung

Der klassische Upsell bietet eine Lösung für das nächste Problem des Kunden, *sobald* dieser sich dessen bewusst wird. Ich erkläre den klassischen Upsell zuerst, weil es super profitabel und einfach ist und jeder es anbieten kann. Der Hauptgrund: Bestehende Kunden kaufen *immer* eher bei Ihnen als neue Leute. Und wenn Sie den richtigen Zeitpunkt erwischen, kaufen Kunden sogar von selbst mehr.

Beim klassischen Upsell müssen Sie mehr über das Problem Ihres Kunden wissen als er selbst. Und das sollten Sie auch – schließlich ist es Ihr Geschäft. Die Idee ist einfach: Ihr Kernangebot löst ein Problem und schafft ein neues. *Mit Ihrem Upsell lösen Sie das nächste Problem sofort.* Das gibt dem klassischen Upsell seine „Ohne X kein Y"-Struktur. Wie bei der Mietwagen-Geschichte. Auto ohne Versicherung – das geht nicht. Ohne Benzin macht das Auto keinen Sinn. Ohne späte Rückgabe wird es keine entspannte Reise. Und so weiter. All diese Dinge werden sofort klar, *sobald* der Kunde den ersten Kauf tätigt.

Fazit: Wenn ein Problem auftaucht und Sie es sofort lösen können – gegen Geld –, *dann machen Sie's!*

Beispiele

Lokaler Autowaschservice

Erster Kauf: Autowäsche

Upsell: Versiegelung

Ohne Versiegelung wollen Sie Ihr Auto bestimmt nicht waschen. Sie bekommen viel mehr für Ihr Geld.

Physisches Produkt

Erster Kauf: Fahrrad

Upsell Nr. 1: Helm

Upsell Nr. 2: Beleuchtung

Upsell Nr. 3: Pannensichere Reifen

Fahrrad ohne Helm – das geht nicht!

Digitales Produkt

Erster Kauf: Kurs zum Thema Sport

Upsell: Kurs zum Thema Ernährung

Mit Sport allein kann man eine schlechte Ernährung nicht ausgleichen ... also sollten Sie bei unserem Kurs zum Thema Ernährung mitmachen.

Wichtige Hinweise

Setzen Sie es tatsächlich um. Sie werden staunen, wie viele Unternehmen zu mir kommen und nur ein einziges Produkt verkaufen.

Bieten Sie die profitableren Upsells als Erstes an. Wenn ich zwei Produkte anbiete und eines davon einen höheren Gewinn bringt als das andere, biete ich zuerst die Option mit dem höheren Gewinn an.

Bringen Sie die Kunden dazu, „Nein zu sagen, um Ja zu sagen". Menschen sind darauf trainiert, mit „Nein" zu antworten, wenn man sie fragt: „Sie wollen doch nichts weiter, oder?" Aber das verwandelt ein „Nein" tatsächlich in ein „Ja". Beim Upsell lautet die Frage also: *Sie wollen doch sonst nichts mehr [außer dem, was ich Ihnen gerade angeboten habe], oder?*

Überraschen und begeistern Sie. Angenommen, Sie haben vier Boni, die Sie aufheben möchten, um Leute, die noch unentschlossen sind, zum Kauf zu bewegen. Fügen Sie diese Extras einzeln hinzu. Wenn die Kunden zustimmen, bevor Sie sie hinzufügen, geben Sie ihnen trotzdem alle vier. Das wird sie überraschen und begeistern.

Verkaufen Sie mehr, wenn die Leute mehr kaufen – Hyper-Kaufzyklus. Die meisten Leute kommen in einen „Hyper-Kaufzyklus", wenn sie sich für etwas Neues entscheiden. In dieser Phase geben sie in kurzer Zeit viel Geld aus. Denken Sie dabei an Hochzeiten, neue Hobbys, Babys, Umzüge und so weiter.

Nutzen Sie kostenlose Boni, um Probleme zu schaffen, die Sie dann mit Upsell-Angeboten lösen können. Boni lösen Probleme. Und aufgrund des Problem-Lösungs-Zyklus können sie diese auch aufdecken. Upsells können dann diese neuen Probleme lösen.

Je schneller die Leute an etwas kommen, desto mehr schätzen sie es. Etwas, das Sie später für 10.000 Dollar bekommen, ist weniger wert als etwas, das Sie jetzt für 10.000 Dollar bekommen. Je länger es dauert, bis jemand an etwas kommt, desto weniger Wert hat es in dem Moment. Wenn Sie also die Chance erhöhen wollen, dass Kunden das Upsell-Angebot kaufen, sorgen Sie dafür, dass es so schnell wie möglich verfügbar ist. Bonuspunkte gibt's, wenn Sie es ihnen zur Verfügung stellen, bevor sie Ja gesagt haben. Es ist viel schwieriger, etwas zurückzugeben, als Nein zu sagen.

Wenn Sie Upsells bündel**n, geben Sie ihnen einen Namen.** Es ist einfacher, jemandem eine Sache zu verkaufen als neun. Indem Sie Artikel bündeln, können Sie ein einziges Mal zum Kauf „auffordern" und neun Verkäufe erzielen. Ich benenne die Pakete nach Kundentyp *und/oder* Ergebnis. Zum Beispiel „Schnellste Ergebnisse"-Paket oder „Transformationspaket" oder „Minimalpaket".

Integrieren Sie Upsell-Angebote in Ihre anderen Angebote. Machen Sie Ihre Upsell-Angebote zu einem Teil Ihrer anderen Angebote. Dann werden mehr Kunden sie annehmen. Integrieren Sie das nächste Produkt, das Sie verkaufen wollen, in das erste, das sie kaufen.

Stellen Sie sicher, dass Sie aus jedem Termin heraus einen neuen Termin vereinbaren (BAMFAM = Book A Meeting From A Meeting). Je öfter Sie Upsell betreiben können, desto mehr Leute werden Sie davon überzeugen. Wenn Sie mehr Leute zum Kauf bewegen, verdienen Sie mehr Geld. Da Sie das wollen, beenden Sie jeden Termin, indem Sie den nächsten Termin vereinbaren. Wenn der Kunde und Sie also zustimmen, sich wieder zu treffen, *vereinbaren Sie gleich, warum und wann.*

Verkaufen Sie so oft, wie es Sinn macht. Bieten Sie so viele Lösungen an, wie es Probleme gibt, die Sie lösen können. Seien Sie nicht schüchtern. Wenn Sie ein Problem lösen können, bieten Sie die entsprechende Lösung an. Das Zweitschlimmste, was passieren kann, ist, dass Kunden Nein sagen. *Das Schlimmste ist, wenn sie Ja gesagt hätten, Sie aber nie gefragt haben.*

Verkaufen Sie Garantien, Gewährleistungen und Versicherungen als Upsells. Viele Firmen bieten Garantien für ihre Produkte an. Viele Firmen bieten Gewährleistungen für ihre Produkte an. Viele Firmen bieten Versicherungen für ihre Produkte an. All das können Sie im Upsell anbieten. *Anstatt so etwas kostenlos anzubieten, können Sie einfach 5 bis 50 % auf den Preis aufschlagen und dafür garantieren, dass Ihr Produkt das tut, was Sie versprechen.* Beispiel: Ein Kunstatelier pflegte bislang beschädigte Porträts kostenlos zu ersetzen. Ich riet dem Unternehmen, seine Kunden zu fragen, ob sie dafür 10 % mehr bezahlen würden. Jetzt kaufen 30 % der Kunden eine Garantie, die das Kunstatelier früher kostenlos angeboten hatte. Reiner Gewinn.

Übung Nr. 10: Entwerfen Sie Ihr klassisches „Ohne Y kein X"-Upsell

Beginnen Sie mit einem Ihrer Hauptangebote. Finden Sie das unmittelbare, logische Problem, das dadurch entsteht. Erstellen Sie dann das Upsell, das dieses neue Problem löst.

Hauptangebot: ____

Unmittelbares Problem, das es verursacht: _______________________

Upsell-Angebot (löst dieses Problem): ___________________________

Wie Sie es formulieren würden: „Ohne [Y] geht [X] nicht"

Übung Nr. 11: Erstellen Sie ein Paket + Downsell-Pfad

Bündeln Sie 2–4 zusammengehörige Upsells in einem Paket mit einem Namen. Suchen Sie dann einen Artikel aus, den Sie als Downsell „abspalten" können, falls Kunden zögern.

Name des Pakets: ____

Was enthalten ist: ____

„Abspaltbares" Downsell-Angebot: _______________________________

Idee: „Möchten Sie lieber nur mit [X] anfangen?"

Menü-Upsells

Das brauchen Sie nicht ... Sie brauchen das.

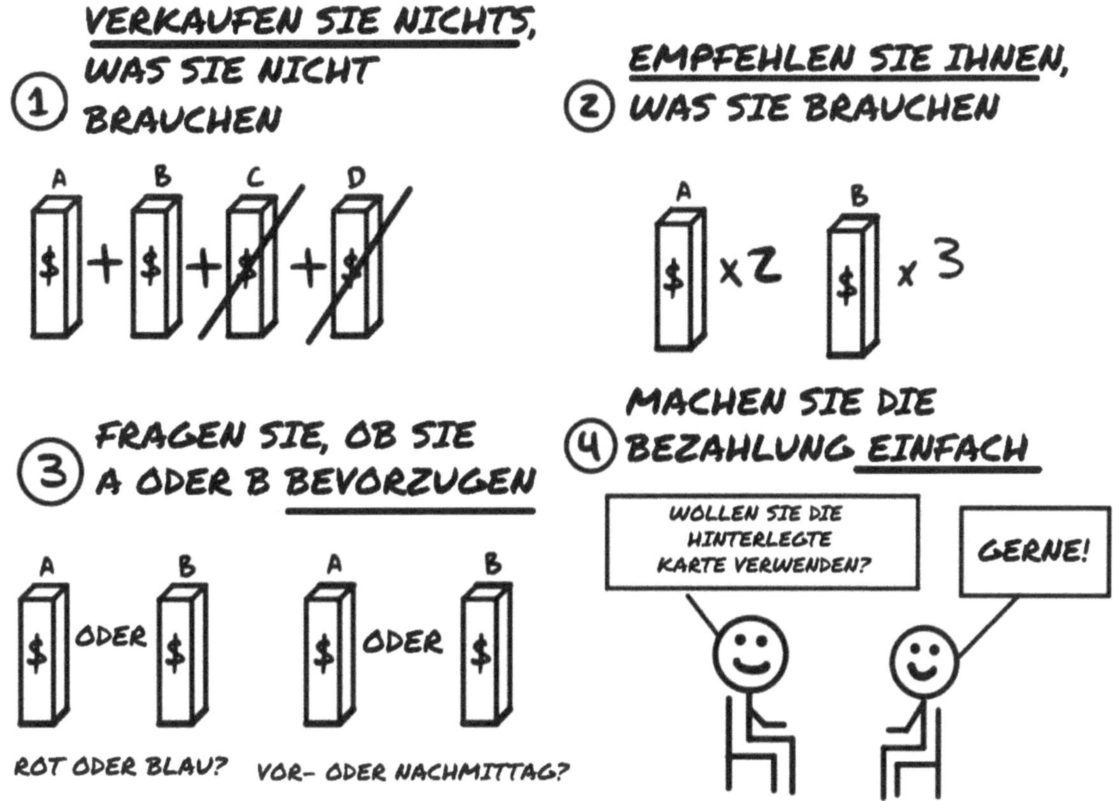

Dezember 2013.

Ich hatte Schwierigkeiten, in meinem Fitnessstudio Nahrungsergänzungsmittel zu verkaufen, obwohl ich verschiedene Taktiken ausprobiert hatte, wie z. B. die Regale immer gut gefüllt zu halten und die wissenschaftlichen Hintergründe zu erklären. An einem besonders schwierigen Tag, nach 19 erfolglosen Ernährungsberatungen, wollte ich unbedingt einen Verkauf an meine 20. Kundin tätigen. In meiner Nervosität vergaß ich mein Skript und bat die Kundin einfach, zwischen verschiedenen Geschmacksrichtungen zu wählen, was unerwarteterweise zu einem Verkauf führte. Ich habe diesen Ansatz beibehalten und zusätzlich gefragt, ob Kunden die hinterlegte Kreditkarte verwenden wollten, und konnte schließlich die nächsten 20 Kunden hintereinander zum Kauf bewegen.

Fazit: Zufällig hatte ich zwei Tricks entdeckt, die mein Upsell total veränderten. Erstens das A-oder-B-Upsell: Ich frage nicht, *ob* Kunden das Produkt überhaupt wollen, sondern *welche Variante sie lieber hätten.* Zweitens frage ich, *ob sie die hinterlegte Karte nutzen wollen*, anstatt sie zu bitten, ihre Kreditkarte wieder herauszuholen. Beide Tricks nutze ich immer noch.

August 2014.

Nachdem ich meine anfängliche Verkaufstechnik gemeistert hatte, verkaufte ich regelmäßig Nahrungsergänzungsmittel im Wert von 5.000 bis 10.000 Dollar pro Monat. Eines Tages veranlassten mich die unerbittlichen Fragen einer Kundin dazu, detaillierte Anweisungen aufzuschreiben, die sich unerwartet als wirkungsvolles Verkaufsinstrument erwiesen. Durch die Einbindung schriftlicher Anweisungen in meinen Verkaufsprozess und die Annahme des Verkaufs konnte ich meine Gewinne drastisch steigern, ohne zusätzliche Zeit für jeden Kunden aufwenden zu müssen.

Fazit: Ich habe gelernt, dass *detaillierte* und *personalisierte* Anweisungen mehr Menschen zum Kauf bewegen als vage und allgemeine Vorschläge. Ich nenne das „Rezept-Upselling".

November 2016.

Ich war wirklich gut darin geworden, Nahrungsergänzungsmittel anlässlich der Eröffnung von Fitnessstudios zu verkaufen – so gut, dass mir ständig die Vorräte ausgingen. Eines Tages kam eine Kundin herein und fragte nach Produkten, die ich bereits ausverkauft hatte. Ohne nachzudenken, tat ich etwas anderes: Ich begann mit dem „Unselling". Ich empfahl ihr günstigere Alternativen, die genauso gut wirken würden, und strich sogar Artikel von ihrer Liste, die sie eigentlich nicht brauchte. Ihre Reaktion überraschte mich. Anstatt enttäuscht zu sein, schien sie erleichtert und dankbar zu sein. Meine ehrliche Herangehensweise – ihr zu sagen, was sie *nicht* kaufen sollte, und mich nur auf das zu konzentrieren, was ihr helfen würde – schuf sofort Vertrauen. Obwohl ich die Hälfte ihrer Liste gestrichen und den Rest heruntergestuft hatte, kaufte sie trotzdem bei mir. Noch wichtiger war, dass sie sich dabei wohlfühlte.

Da wurde mir etwas Wichtiges klar: Manchmal ist der beste Weg, um etwas zu verkaufen, nicht zu verkaufen. Später fing ich sogar an, bestimmte Produkte auf der Liste zu haben, nur um sie vor den Kunden streichen zu können. Das klingt widersinnig, aber allein dadurch, dass ich etwas entfernte, das sie nicht brauchten, schuf ich genug Wohlwollen, dass sie meinen Empfehlungen zu dem, was sie brauchten, vertrauten.

Fazit: Ich nenne diesen Prozess Unselling („Nicht-Verkaufen").

Beschreibung

Bei einem Menü-Upsell sagen Sie den Kunden, welche Optionen sie nicht brauchen. Dann sagen Sie ihnen, was sie brauchen, was ihre Vorlieben sind und wie sie den größtmöglichen Nutzen daraus ziehen können. Menü-Upsells kombinieren bis zu vier Taktiken: A-oder-B-Upselling, Rezept-Upselling, Unselling und Nutzung der hinterlegten Kreditkarte.

Zuerst mache ich <u>Unsell</u> – ich streiche alles, was die Kunden nicht brauchen.

Zweitens <u>schreibe ich ihnen auf</u>, was sie brauchen.

Drittens frage ich sie, ob ihnen <u>A oder B</u> lieber ist.

Abschließend vereinfache ich den Kauf, indem ich frage, ob sie die <u>hinterlegte Karte</u> nutzen wollen.

Unselling. Beim Unsell erklären Sie den Kunden, was sie nicht brauchen, um ihnen klarzumachen, was sie brauchen. Anstatt sie zu fragen, ***ob*** sie das Produkt kaufen wollen oder nicht, erklären Sie ihnen, ***<u>was sie nicht brauchen</u>***, um ***<u>sie für das zu begeistern, was sie brauchen.</u>*** Unsells hängen von den Bedürfnissen der Kunden ab. Wenn einige Optionen am besten passen, können Sie den Rest streichen. Nachdem Sie ihnen gesagt haben, was sie <u>nicht</u> brauchen ...

Rezept-Upsell. Wir sagen unseren Kunden, was sie brauchen. Rezept-Upsells funktionieren gut, wenn es unpraktisch ist, eine Auswahl anzubieten, und Sie nur ein Produkt haben, das das Problem löst. Das Rezept-Upselling besteht aus zwei wichtigen Komponenten. Erstens müssen Sie klarmachen, wie das Produkt mit den bereits gekauften Angeboten zusammenpasst. Zweitens personalisieren Sie das Produkt und erklären detailliert, wie man seinen Wert maximieren kann. Anstatt die Kunden zu fragen, ***ob*** sie es kaufen wollen oder nicht, erklären Sie ihnen, ***<u>wie sie es verwenden können</u>***, als ob sie es bereits hätten. Auch hier nehmen wir die Option „Nicht kaufen" weg, um die Wahrscheinlichkeit zu verringern, dass sie nichts kaufen. Und sobald ich ihnen genau erklärt habe, wie sie alles nutzen können ...

A-oder-B-Upsell. Wir fragen die Leute nach ihren Vorlieben. A-oder-B-Upsells funktionieren bei *mehreren Angeboten, die dasselbe Problem lösen.* Sie tätigen A-oder-B-Upsells, indem Sie die Leute nach ihren Vorlieben fragen. Anstatt zu fragen, ***ob*** Kunden ein Produkt kaufen wollen (ja oder nein), fragen Sie, welches Produkt sie ***<u>lieber hätten</u>***: A oder B. Beide Optionen führen zu einem Upsell. Wenn man Leuten die Wahl lässt, nicht zu kaufen, kaufen einige einfach nicht. Deshalb biete ich ihnen die Wahl zwischen zwei ähnlichen Produkten. Sobald sie wissen, was sie kaufen und wie sie es nutzen werden, schlage ich ihnen die einfachste Zahlungsmethode vor ...

Nutzung der hinterlegten Karte. Das ist das Sahnehäubchen auf all diesen tollen Upselling-Vorteilen. Ich frage einfach: „Möchten Sie die hinterlegte Karte verwenden?" Anstatt zu fragen, ***ob*** sie bezahlen möchten oder nicht, ***<u>verweise</u>*** ich auf Zahlungsmethoden, die sie bereits nutzen. Das bringt mehr Leute zum Kaufen, weil es die „versteckten Kosten" des Kaufs senkt. Die Karte auswählen. Sie herausholen. Erinnerung an unangenehme Kaufentscheidungen in der Vergangenheit. Sogar der Stress, etwas in Eile kaufen zu müssen ... und wer weiß, was noch alles. Sie müssen nur wissen: Wenn Sie den Leuten den Kauf erleichtern, werden mehr Leute kaufen.

Ich habe zehn Jahre gebraucht, um das zu lernen. Ich hoffe, Sie können in zehn Minuten genauso viel davon profitieren.

Beispiele

Massagetherapie

Unsell: Wir bieten Lymphdrainagen an, aber Sie sind nicht schwanger oder haben gerade eine Operation hinter sich, oder? Dann können wir das streichen.

Rezept-Upsell: Da Ihre Schulter wehtut, wärmen wir Sie erst einmal auf, massieren dann Ihre Triggerpunkte und machen anschließend ein paar dynamische Dehnübungen.

A-oder-B-Upsell: Würden Sie das lieber vor der Arbeit oder auf dem Heimweg machen?

Nutzung der hinterlegten Karte: Möchten Sie einfach die hinterlegte Karte verwenden?

Hundefutter

Unsell: Sie brauchen diese kleine Tüte und dieses Welpenzeug nicht – Sie haben doch einen großen Hund! Die Vitamine brauchen Sie auch nicht, weil sie schon im Futter enthalten sind.

Rezept-Upsell: Sie sollten Ihrem Hund zu jeder Mahlzeit einen von diesen Kauknochen geben. Und alle 90 Tage eine von diesen Waffeln gegen Herzwürmer. Und vergessen Sie nicht, ihn nächsten Monat wieder vorbeizubringen. Lassen Sie uns gleich einen Termin vereinbaren.

A-oder-B-Upsellg: Mag Ihr Hund lieber Rind oder Huhn?

Nutzung der hinterlegten Karte: Möchten Sie einfach die hinterlegte Karte verwenden?

Digitales Produkt

Unsell: Sie brauchen noch nicht alle acht Kurse. Sie müssen nur die Probleme X, Y und Z lösen. Ich sag Ihnen was: Ich schicke Ihnen kostenloses Material, mit dem Sie die Probleme X und Y lösen können. Dann brauchen Sie nur noch einen Kurs für Problem Z ...

Rezept-Upsell: Aber um Z zu lösen, sollten Sie den Kurs auf jeden Fall auf diese bestimmte Weise absolvieren. Können Sie dafür täglich eine Stunde einplanen? Okay, super. So können Sie verhindern, dass später weitere Z-Probleme auftauchen.

A-oder-B-Upsell: Möchten Sie lieber eine Direktnachricht oder telefonischen Support? Okay, super. Möchten Sie heute oder am Montag anfangen?

Nutzung der hinterlegten Karte: Super. Wollen Sie einfach die hinterlegte Karte benutzen?

Wichtige Hinweise:

Machen Sie alles zu A-oder-B-Kaufoptionen. Sie können *alles* in ein A-oder-B-Angebot verwandeln. Hier ein paar Ideen: Menge (eine Flasche oder zwei?), Starttermine (morgen oder Montag?), Zahlungsart (bar oder Karte?), Geschmacksrichtungen (Schokolade oder Vanille?), Zeitfenster (morgens oder nachmittags?), Medien (lesen oder hören?), Liefergeschwindigkeit (Standard oder Express?), Größen (klein oder mittel?), Farben (schwarz oder weiß?), Materialien (Papier oder Plastik?), Personal (John oder Sara?), Kommunikation (Anruf oder SMS?). Mit etwas Kreativität können Sie *alles* zu einem A-oder-B-Upsell machen.

Wenn Sie ein A-oder-B-Angebot machen, versehen Sie es mit einem kleinen Anstupser in die richtige Richtung. Wenn Ihre Kunden noch nicht so viel Erfahrung mit Ihren Produkten oder Dienstleistungen haben, geben Sie ihnen einen kleinen Anstupser. *„Das ist mein Favorit"* oder *„X ist normalerweise eine sichere Wahl"* oder *„Viele Leute lieben das"* oder *„Die Kurse am Dienstag sind etwas kleiner, falls Ihnen das gefällt"* oder *„Amy kann super mit Schülern umgehen"*. Diese kurzen Hinweise helfen wirklich sehr dabei, den Verkauf anzukurbeln. (Tipp: Wenn Sie ein bestimmtes Produkt schneller verkaufen wollen, *weisen Sie auf dieses hin.*)

Wenn Sie ausverkauft sind, nehmen Sie das Geld und verschieben Sie die Lieferung. Ich habe erst später gelernt, dass ich einfach Verkäufe tätigen, die Ware bestellen und den Kunden mitteilen kann, wann ihre Käufe ankommen. So konnte ich eine viel größere Auswahl verkaufen, weil ich keinen Lagerbestand vorrätig halten musste. Wenn Ihnen ein Produkt ausgeht, nehmen Sie einfach das Geld und sagen Sie den Leuten, wann die Lieferung kommt. Sie werden überrascht sein, wie gut das klappt.

Mitarbeiter lieben es, Unselling zu machen. Oft helfen sie Kunden *gerne* dabei, das System zu „überlisten". *Lassen Sie sie doch.* Ermutigen Sie Ihre Angestellten, Kunden dabei zu helfen, das System absichtlich zu überlisten. Ihre Mitarbeiter kennen sich bestens aus, also lassen Sie sie den Kunden zeigen, wie sie das Beste aus Ihrem Angebot herausholen können. So gewinnen alle.

Übung Nr. 12: Erstellen Sie Ihr Menü-Upsell

- Schreiben Sie auf, was Sie *nicht verkaufen (Unsell)* wollen: _______________

  ____

- Schreiben Sie auf, was Sie mit dem *Rezept-Upsell* empfehlen werden: ______

  ____

- Schreiben Sie Ihr *Angebot A* auf: _______________________________

  Angebot B: ___________________________________

  - o In welche Richtung (A oder B?) wollen Sie die Kunden anstupsen/lenken?

- Schreiben Sie auf, wann Sie die Kreditkartendaten bekommen, damit Sie die Kunden *die hinterlegte Karte* beim Abschluss einsetzen lassen können:

  ____

Anker-Upsell

Das Einzige, was schlimmer ist, als jemandem mit einem Budget von 100 Dollar ein Angebot von 1.000 Dollar zu machen, ist, jemandem mit einem Budget von 1.000 Dollar ein Angebot von 100 Dollar zu machen.

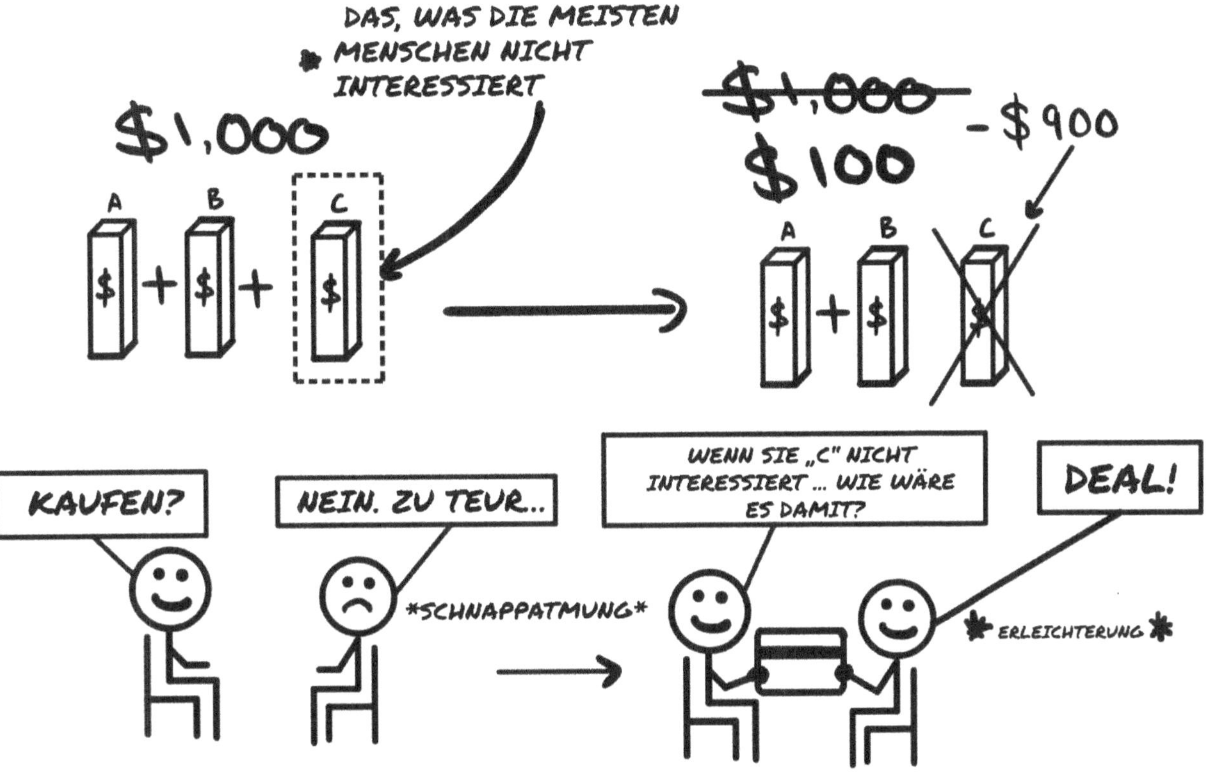

2016. Nach dem Start von Gym Launch, aber bevor ich Geld verdient habe.

Nachdem ich Gym Launch gestartet hatte, beschloss ich, einen Anzug zu kaufen, um professioneller zu wirken, und plante dafür 500 Dollar ein. Im Anzuggeschäft probierte ich zuerst einen 16.000-Dollar-Anzug an – als ich das Preisschild sah, fühlte ich mich fehl am Platz und war peinlich berührt. Der Besitzer bemerkte mein Unbehagen und bot mir schnell einen 2.200-Dollar-Anzug an, dessen Preis im Vergleich dazu angemessen erschien, und am Ende gab ich insgesamt 2.500 Dollar aus. Im Nachhinein wurde mir klar, dass der Besitzer geschickt die Preisanker-Technik eingesetzt hatte, um den 2.200-Dollar-Anzug im Vergleich zum 16.000-Dollar-Anzug als Schnäppchen erscheinen zu lassen, sodass ich das Fünffache meines ursprünglichen Budgets ausgab und dennoch mit dem Kauf zufrieden war.

Beschreibung

Wenn Sie zuerst eine Premium-Version präsentieren, die das 5- bis 10-fache kostet, werden viele Leute ablehnen. Und wenn Sie dann Ihr Hauptangebot präsentieren, wirkt es wie ein *viel besseres Schnäppchen*. So werden mehr Leute es kaufen.

Anker-Upsells funktionieren am besten, wenn das günstigere Angebot die gleichen *Kernfunktionen* hat wie das Premium-Angebot. Mir war zum Beispiel der Designer nicht so wichtig. Ich brauchte einfach nur einen Anzug. Im Vergleich zum 16.000-Dollar-Anzug war der 2.200-Dollar-Anzug also ein *viel besseres Angebot*.

Anker-Upsells haben außerdem zwei tolle Vorteile. Erstens geben Kunden, die sich an einen Anker gebunden fühlen, mehr aus, als sie normalerweise würden. Zweitens *kaufen manche Kunden trotzdem das super teure Produkt*.

Hier sind die Schritte:

1) Stellen Sie den Anker vor – das richtig teure Produkt.

2) Erzeugen Sie einen „Schock-Effekt" – rechnen Sie damit, dass der Kunde wegen des Preises Schnappatmung bekommt.

3) Eilen Sie zur Rettung herbei – fragen Sie, ob das, *was das Produkt so besonders macht,* dem Kunden wichtig ist.

4) Präsentieren Sie Ihr Hauptangebot – rechnen Sie damit, dass der Kunde erleichtert ist und das *bessere Angebot* erkennt.

5) Fragen Sie, wie er bezahlen will – *Welche Karte bevorzugen Sie?*

Beispiele

Lokaler Service: Rasenpflege

Premium-Anker: Meine Handynummer, hochwertiger Mulch, natürliche Schädlingsbekämpfung, zweiwöchentliche Gartenpflege – 1.000 Dollar pro Woche

Hauptangebot: Die Nummer meines Teams, gewöhnlicher Mulch, normale Schädlingsbekämpfung, zweiwöchentliche Gartenpflege – 200 Dollar pro Woche

Physisches Produkt: Ein Gemälde

Premium-Anker: Super schützende Verpackung + 20 Jahre Versicherung + Geschenkverpackung = 1.000 Dollar

Hauptangebot: Normale Verpackung + 1 Jahr Versicherung + Geschenkaufkleber = 200 Dollar

Digitales Produkt: Newsletter

Premium-Anker: Alle bisherigen Ausgaben + neue Ausgaben + Lieferung 24 Stunden früher = 199 Dollar/Monat

Hauptangebot: Nur neue Ausgaben + pünktliche Lieferung = 19 Dollar/Monat

Wichtige Hinweise

Wenn Sie den Anker wie eine Täuschung behandeln, wird der Kunde das auch tun. Damit das funktioniert, müssen Sie es wirklich verkaufen wollen und Kunden müssen es wirklich in Betracht ziehen. Erst wenn sie innehalten, zögern oder nach etwas Anderem fragen, gehen Sie zum nächsten Schritt über. Machen Sie nicht einfach nur die Bewegungen, sonst funktioniert es nicht.

Machen Sie ein Premium-Angebot, das die Leute wirklich kaufen sollen. Präsentieren Sie Ihr Premium-Angebot so, als würden Sie es wirklich verkaufen *wollen*. Am besten machen Sie es so teuer, dass Sie froh sind, wenn Interessenten es kaufen. Und wenn nicht, haben Sie sie trotzdem mit dem Preisanker überzeugt.

Ein guter Anker sorgt momentan für „Schnappatmung". Wenn Sie einen Anker-Upsell richtig machen, kriegen die Kunden kleine Panikattacken. Ich nenne das die „Schnappatmung". Je heftiger die Schnappatmung war, desto mehr haben Leute gekauft.

Sobald Sie die „Schnappatmung" hervorgerufen haben – eilen Sie zur Rettung heran. Halten Sie das Backup bereit, um es anzubieten, wenn die Kunden nach Luft schnappen. Und wenn sie keine Schnappatmung bekommen ... dann machen Sie den Monsterverkauf!

Um mehr Leute dazu zu bringen, Ihr Hauptangebot zu kaufen, machen Sie es zu dem besseren Deal. Passen Sie nur ein paar Features Ihres Premium-Angebots an, um Ihr Hauptangebot zu erstellen. Jedes Angebot hat Features. Einige Features sind wichtiger als andere. Die wichtigsten Features sollten gleich bleiben. Weniger Leute interessieren sich für die sekundären Features, *also ändern Sie diese.* Nach der Verankerung wird das Hauptangebot zu einem *echten Schnäppchen,* wenn Sie die Haupt-Features für ein ⊠ des Preises anbieten.

Übung Nr. 13: Erstellen Sie Ihr Anker-Upsell

1. Schreiben Sie den Preis Ihres Anker-Angebots (*Ultra-Premium*) auf (5x–10x+):

   a. Anker-Angebot PRIMÄRE Komponente Nr. 1:

   b. Anker-Angebot PRIMÄRE Komponente Nr. 2:

   c. Anker-Angebot SEKUNDÄRE Komponente Nr. 3:

   d. Anker-Angebot SEKUNDÄRE Komponente Nr. 4:

2. Schreiben Sie Ihr Hauptangebot mit *leicht* abweichenden sekundären Komponenten auf:

   a. Preis des Kernangebots (1/5–1/10 des Preisankers):

   b. Kernangebot PRIMÄRE Komponente Nr. 1: (GLEICH)

   c. Kernangebot PRIMÄRE Komponente Nr. 2: (GLEICH)

   d. Kernangebot SEKUNDÄRE Komponente Nr. 3 (*unterscheidet sich vom oben genannten Anker-Angebot*):

   e. Kernangebot SEKUNDÄRE Komponente Nr. 4 (*unterscheidet sich vom oben genannten Anker-Angebot*):

Rollover-Upsell

Wollen Sie einfach weitermachen?

Juni 2014.

Ich hatte in meinem Fitnessstudio ein erfolgreiches Geld zurück-Angebot etabliert, hatte aber Probleme mit fehlenden wiederkehrenden Einnahmen, da die Gewinner oft nach ihren kostenlosen Monaten gingen. Mein Freund Justin schien mit einem ähnlichen Angebot viel besser dazustehen, also besuchte ich ihn, um mir das genauer anzuschauen. Der entscheidende Unterschied war, dass Justin die Gewinne in eine einjährige Mitgliedschaft „übertrug", wodurch die Gewinner ein Jahr lang 50 Dollar pro Monat sparten, anstatt eine einmalige Rückerstattung oder Gutschrift zu bekommen. Dieser Ansatz sorgte für sofortige wiederkehrende Einnahmen und eine längere Kundenbindung, wodurch die Lücke in meinem Geldmodell geschlossen und mein Cashflow-Problem gelöst wurde.

Beschreibung

Rollover-Upsells schreiben einen Teil oder den gesamten Wert der vorherigen Einkäufe eines Kunden auf Ihr nächstes Angebot gut. Und das bringt meiner Erfahrung nach *viel mehr* Leute dazu, das Angebot anzunehmen. Sobald ich also weiß, wie viel Gutschrift ich geben kann, überlege ich mir drei Dinge: *Wem* verkaufe ich *was* und *wie* schreibe ich die Gutschrift gut?

<u>Was die Frage „*Wem?*" angeht</u>, nutze ich Rollover-Upsells in vier Situationen:

Erstens, um Kunden, die vor einiger Zeit abgewandert sind, wieder zu gewinnen.

Zweitens, um verärgerte Kunden als bessere Alternative zu einer Rückerstattung zurückzugewinnen.

Drittens, um verärgerte Kunden *anderer Leute* „zurückzugewinnen".

Viertens, um Stammkunden Upsell-Angebote zu machen.

<u>Was das „*Was*" betrifft</u>: Denken Sie daran, dass Sie *mehr von dem* verkaufen können, *was Kunden gerade gekauft haben, etwas Besseres* oder *etwas Neues und Anderes.* Um Geld zu verdienen: Übertragen Sie ihr Guthaben auf etwas Teureres.

<u>Was das „*Wie*" angeht</u>, können Sie den Rabatt ganz oder teilweise im Voraus gewähren oder über einen längeren Zeitraum verteilen.

Beispiele für Rollover-Upsells

Chiropraktiker: *Begeistern Sie frühere Kunden mit einer „Winback"-Kampagne*

<u>Wer</u>: Kunden, die seit sechs Monaten nichts mehr gekauft haben <u>Was</u>: Neuer Plan <u>Wie</u>: Gleich am Anfang

Sprechen Sie Ihre früheren Kunden an. Schauen Sie sich ihre Kaufhistorie an. Bieten Sie ihnen an, einige oder alle ihrer bisherigen Käufe auf etwas zu übertragen, das teurer ist als das, was sie gekauft haben.

Beispiel: *„Hallo Ms Banks, ich wollte Ihnen Ihr Geld zurückgeben, haben Sie kurz Zeit? Cool, ich wollte mal fragen, wie es mit Ihren Rückenschmerzen läuft? Oh, das tut mir leid. Ich habe aber gute Neuigkeiten. Als Dankeschön möchte ich Ihnen 500 Dollar zurückgeben, damit Sie für immer schmerzfrei bleiben. Haben Sie Interesse? Super ... dann kommen Sie vorbei ..."*

Zahnarzt: *Gewinnen Sie Ihre eigenen verärgerten Kunden mit Rollover-Upsell zurück*

<u>Wer</u>: Verärgerter Kunde <u>Was</u>: Zahnaufhellung <u>Wie</u>: 200 Dollar Guthaben im Voraus

Die Person zahlt 200 Dollar für eine Zahnreinigung, findet aber nicht, dass ihre Zähne weißer geworden sind. Wir erklären ihr, dass sie mehr braucht, um mehr zu erreichen, und verkaufen ihr ein Zahnaufhellungspaket, das mehrere Sitzungen, ein Set für zu Hause und mehrere Tiefenreinigungen beinhaltet. Sie bieten ihr an, die 200 Dollar, die sie für die Reinigung bezahlt hat, auf das Aufhellungspaket anzurechnen.

Software: *Gewinnen (*Hüstel* Stehlen) Sie verärgerte Kunden anderer Unternehmen (zurück)*

<u>Wer</u>: Kunden der Konkurrenz <u>Was</u>: Servicevertrag <u>Wie</u>: Kostenübertragung, um den alten Vertrag zu kündigen

70

Sie finden unzufriedene Kunden von Mitbewerbern und rechnen ihnen ihre alten Einkäufe bei der Konkurrenz für einen neuen Einkauf bei Ihrem eigenen Unternehmen an. Übertragen Sie den Betrag, den sie dem Mitbewerber schulden, als Gutschrift auf einen längeren Vertrag mit Ihrem Unternehmen.

Beispiel: *„Hallo John, ich habe deine negative Bewertung zu ihrem Produkt gesehen und bin darüber sehr traurig. Um das wieder gut zu machen, werde ich dir alle Zahlungen, die du noch bei ihnen zu leisten hast, für einen Wechsel zu uns gutschreiben. Auf diese Weise verlierst du nichts und kannst sofort von den Vorteilen profitieren. Ist das fair?“*

Mitgliedschaft: *Verteilen Sie den ersten Kauf über einen bestimmten Zeitraum*

<u>Wer</u>: Bestehende Kunden <u>Was</u>: 12-monatige Mitgliedschaft <u>Wie</u>: Verteilen Sie den ersten Kauf

Jemand kauft ein kleines Servicepaket oder eine Mitgliedschaft für eine bestimmte Zeit. Sobald das passiert ist, können Sie anbieten, den ganzen Betrag für mehr Zeit zu verwenden – zum Beispiel für 12 Monate. Ich kann den Rollover-Upsell jederzeit umsetzen, ich ziehe es aber vor, ihn gleich zu machen. Dabei nehmen Sie den Preis des ersten Kaufs und rechnen ihn als Rabatt auf den längeren Vertrag an. Bei einem ersten Kauf von 600 Dollar ergibt das zum Beispiel einen Rollover-Rabatt von 50 Dollar pro Monat für 12 Monate.

Wichtige Hinweise

Nutzen Sie Rollover-Angebote, um neue Kunden zu gewinnen. Sie können zum Beispiel einen Teil oder den ganzen Betrag, den Kunden bei jemand anderem bezahlt haben, *auf Ihr Produkt* übertragen. Leads dafür finden Sie, indem Sie Kontaktinformationen aus negativen Produktbewertungen sammeln, wenn das möglich ist.

Führen Sie Rollover-Upsells durch, *bevor* Sie Geld zurückerstatten. Wenn Sie mal Mist gebaut haben (hey, das kann passieren), bieten Sie einen „Neuanfang“ an. Und wenn die Kunden etwas Anderes wollen, rechnen Sie ihren Kauf einfach auf das neue Produkt an.

Frühere Kunden sind immer noch Kunden. Machen Sie ihnen Upsell-Angebote. Schreiben Sie frühere Kunden (die seit mindestens 6 Monaten nichts mehr gekauft haben) an. Schauen Sie sich an, wie viel sie vorher bezahlt haben. Überlegen Sie sich, wie viel Sie ihnen anbieten können. Machen Sie ihnen ein Angebot. Ich nenne das „Winback-Kampagnen“.

Erhöhen Sie die Dringlichkeit bei Rollover-Upsells. Machen Sie sie zu einmaligen Angeboten. Optional: Machen Sie den Moment, in dem Sie das Angebot präsentieren, zum Zeitpunkt, an dem es angenommen werden muss. *Sie dürfen nicht darüber schlafen.* Wenn Kunden also den Vorteil nutzen wollen, müssen sie jetzt zugreifen. Wenn nicht, ist das auch kein Problem. Sie können später immer noch den vollen Preis bezahlen.

So legen Sie den Preis für Ihr Rollover-Upsell fest. Um mit einem Rabattangebot Geld zu verdienen, müssen Sie nach dem gewährten Rabatt noch Gewinn machen. Da ich lieber Gewinn mache, versuche ich, das Upsell-Angebot mindestens viermal so hoch wie das Rollover-Guthaben zu setzen. Selbst wenn ich den gesamten Betrag des ersten Kaufs anrechne, *beträgt* der Rabatt also *höchstens* 25 %. Denken Sie daran, dass hier die Regeln für Rabatte gelten. Größere Rabatte bedeuten weniger Gewinn pro Verkauf, aber sie bringen mehr Verkäufe.

Sie müssen nicht den ganzen Betrag vom ersten Einkauf gutschreiben. Sie können so viel oder so wenig vom ersten Einkauf gutschreiben, wie Sie wollen. Ich schreibe immer den Betrag gut, von dem ich denke, dass er Kunden zum nächsten Kauf motiviert. Probieren Sie es aus, um den Sweet Spot zu finden.

Meine „berühmte" Geschenkkarten-Strategie. Sie können Rollover-Upsell als Lockangebot für neue *und* bestehende Kunden nutzen, indem Sie Geschenkkarten mit einem Rabatt von 90 % oder mehr bewerben. Beispiel: Geschenkkarten im Wert von 200 Dollar für 20 Dollar. Beschränken Sie den Kauf auf zwei Karten pro Kunde und legen Sie fest, *dass sie nur für andere Leute verwendet werden können.* Die Kunden kaufen sie als Geschenke und verschenken sie an ihre Freunde. Das macht es zu einem tollen Weihnachtsangebot.

Wenn Kunden die Geschenkkarte kaufen, fragen Sie sie, für wen die Karte bestimmt ist und ob sie Sie vorstellen würden. Wenn die Beschenkten dann vorbeikommen, rechnen Sie die Geschenkkarte auf ein größeres Angebot an. Der *Wert* der Karte sollte 20 % des Preises von dem sein, was Sie als Nächstes verkaufen wollen. In unserem Beispiel verkaufen wir eine Geschenkkarte im Wert von 200 Dollar für 20 Dollar. Dann wenden Sie diesen Wert von 200 Dollar auf ein Angebot mit einem Preis von mindestens 1.000 Dollar an. Die Leute bezahlen Sie dafür, dass sie Sie ihren Freunden weiterempfehlen. Das ist ziemlich cool. Außerdem bekommen Sie noch etwas Kleingeld aus ungenutzten Geschenkkarten.

Übung Nr. 14: Erstellen Sie Ihr Rollover-Upsell-Angebot

Wählen Sie ein Produkt oder eine Dienstleistung aus, die Ihr Kunde kürzlich gekauft hat. Legen Sie nun fest, wie Sie diesen Betrag auf ein teureres nächstes Angebot anrechnen werden.

Vorheriger Kauf: _______________________________________

Anzurechnender Gutschriftbetrag: _______________________

Nächstes Angebot (mehr, besser oder neu – *streben Sie das Vierfache des oben genannten Preises an*):

____

Wie Sie die Gutschrift anwenden (im Voraus oder verteilt): _______________

____

Kreisen Sie ein, wem Sie das Angebot zuerst machen werden:

a. Kampagne zur Rückgewinnung ehemaliger Kunden

b. Bestehende Kunden

c. Kunden der Konkurrenz (Kampagne zur Abwerbung)

d. Neue Kunden

GRATIS-GESCHENK: Rollover-Upsell-Schulung

Das ist der Upsell, den ich am häufigsten benutze. Es hat eine elegante integrierte Dringlichkeit und Goodwill. Ich habe ein Video für Sie gemacht, in dem ich Ihnen einen Teil des Skripts zeige, damit Sie sehen können, wie ich es mache. Es ist kostenlos und Sie müssen sich nicht anmelden. Schauen Sie es sich unter acquisition. com/training/money an. Ich habe einen QR-Code eingefügt, damit Sie schnell darauf zugreifen können.

Upsell-Angebote – Fazit

Lösen Sie die Probleme der Reichen, sie bezahlen besser.

Jedes Mal, wenn Sie etwas *als Nächstes* anbieten, machen Sie einen Upsell. Upsells sind super wichtig in Geldmodellen, weil Sie so *schneller* mehr Geld von Kunden bekommen, als Sie sonst hätten. Und wenn Ihr Attraktionsangebot schon die Kosten für die Kundengewinnung und Lieferung abdeckt, *ist mehr Geld nie verkehrt.*

Ich habe Ihnen die vier besten Upsells gezeigt, die ich benutze: den klassischen Upsell, Menü-Upsells, Anker-Upsells und Rollover-Upsells. Sie sind der Schlüssel zu meinem Geschäftserfolg. Upsells verändern alles. Viele Unternehmen kommen damit *über Nacht* vom Geldverbrennen zum Geldverdienen.

Aber manchmal *sagen die Leute einfach Nein.* Das bringt uns zum nächsten Teil eines 100-Millionen-Dollar-Geldmodells – Downsell-Angebote: *Was tun, wenn sie Nein sagen?*

Übung Nr. 15: Wählen Sie Ihr Upsell-Angebot aus

1. Wählen Sie das Upsell-Angebot, mit dem Sie beginnen möchten (*kreuzen Sie unten das entsprechende Kästchen an*):

    a. Klassisches Upsell (   )

    b. Menü-Upsell (   )

    c. Anker-Upsell (   )

    d. Rollover-Upsell (   )

2. Schauen Sie sich Ihre Antworten aus den Übungen dieses Kapitels an und beginnen Sie mit dem Upselling.

ABSCHNITT IV:
DOWNSELL-ANGEBOTE

Was Sie anbieten können, wenn die Leute Nein sagen.

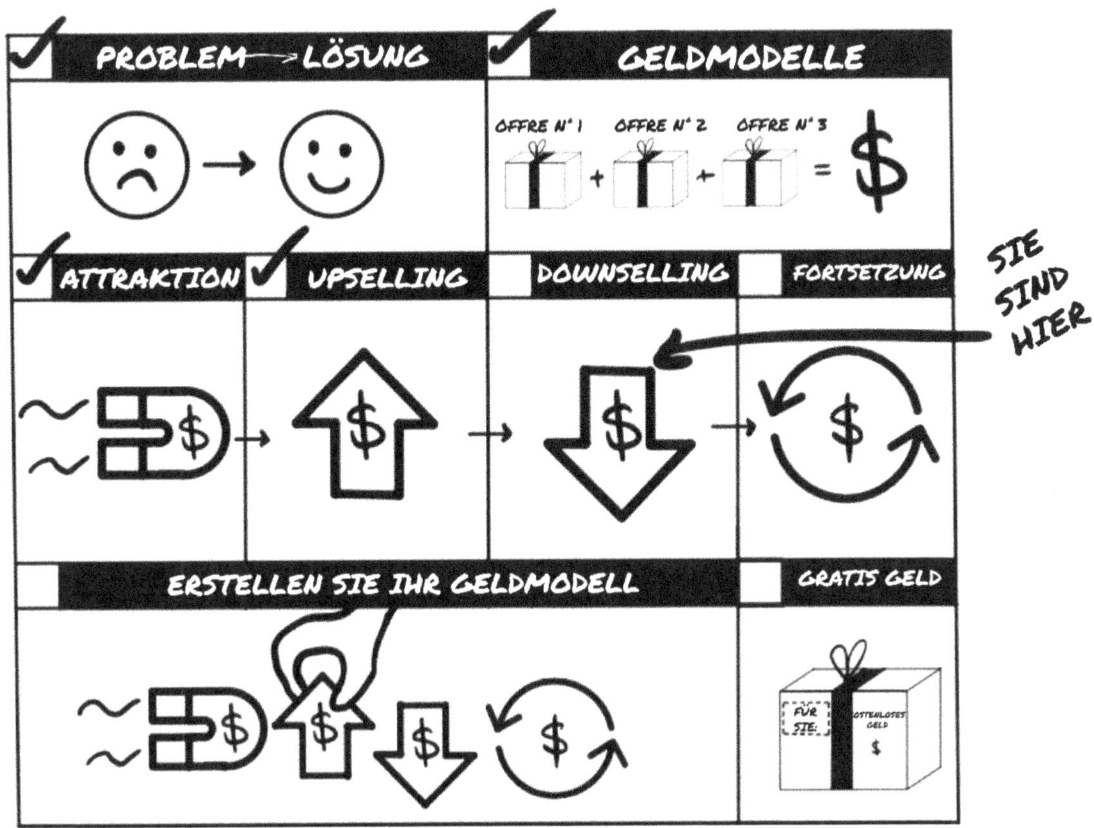

Im letzten Abschnitt haben wir Upsell-Angebote genutzt, um die Leute dazu zu bringen, mehr zu kaufen. Haben wir das gut gemacht, haben wir auch einen Gewinn erzielt. Ein weiterer Schritt (oder mehr) in die richtige Richtung! Super ... aber was, wenn sie Nein sagen? → Dann *machen wir ein Downsell-Angebot.*

Downselling passt das ursprüngliche Angebot an, um die beste Lösung *für das Budget des Kunden* zu finden. Also ist jedes Angebot, das Sie machen, nachdem jemand „Nein" gesagt hat, ein Downsell.

Ich mache Downsell auf zwei Arten. Ich ändere entweder <u>die Zahlungsweise</u> oder *den Leistungsumfang.* Bei der Zahlungsweise gleiche ich das, was der Kunde sofort zahlt, und das, was er während der Laufzeit zahlt, aneinander an. Beim Leistungsumfang ändere ich die Menge, die Qualität oder biete etwas Anderes an.

Zuerst gehen wir meine Regeln für Downselling durch – *die gelten für alle meine Downsell-Prozesse.* Wenn wir dann zu den einzelnen Angeboten kommen, können Sie direkt loslegen und Downselling wie ein Profi betreiben.

Die Regeln des Downselling

Denken Sie daran: Die Kunden haben *dieses* Angebot abgelehnt, nicht *alle* Angebote. Nur weil sie *dieses Angebot* abgelehnt haben, heißt das nicht, dass sie *Sie* abgelehnt haben. Es ist eine Chance, herauszufinden, was die Kunden wirklich wollen. Bleiben Sie standhaft und machen Sie ein neues Angebot. *Nein bedeutet Nein zu dieser Sache, nicht Nein zu allem.*

Downsells sind Verhandlungen. Beim Downselling suchen Sie gemeinsam mit dem Kunden nach einer Kombination aus Geben und Nehmen, bis Sie sich einig sind. *Wenn Sie etwas geben, sollten Sie auch etwas bekommen.*

Personalisieren Sie, drängen Sie nicht. Finden Sie heraus, was Ihre Kunden mögen und was nicht. Dann bieten Sie ihnen mehr von dem, was sie mögen, und weniger von dem, was sie nicht mögen – *zu einem passenden Preis.*

Bieten Sie das Gleiche auf neue Art an. Beschränken Sie Downsells auf das, was Sie haben. Betrachten Sie Downselling also eher als hundert Möglichkeiten, die Dinge anzubieten, die Sie bereits haben, und nicht als 100 neue Produkte.

Senken Sie nicht einfach Ihren Preis, nur um jemanden zum Kauf zu bewegen. Zuerst einmal ist eine Preissenkung kein Downselling, *sondern ein Rabatt.* Andererseits *können* Sir dem Kunden anbieten, *jetzt* weniger und im Laufe der Zeit mehr zu bezahlen – also einen Zahlungsplan.

Als Nächstes...

Ich verwende drei einfache und äußerst effektive Downsell-Verfahren:

- Zahlungsplan-Downsells *(wie sie bezahlen)*

- Testphase mit Strafgebühr *(wie sie bezahlen)*

- Feature-Downsells *(was sie bekommen)*

Diese Downsell-Prozesse steigern den 30-Tage-Gewinn noch weiter. Sie tun dies, indem sie noch mehr Verkäufe erzielen, wenn Kunden eigentlich Nein gesagt hätten. Und ich finde sie super, weil man sie mit nur ein paar kleinen Änderungen in sein Geschäft integrieren und schon heute davon profitieren kann.

Zahlungsplan-Downsells

Wie viel können Sie heute anzahlen?

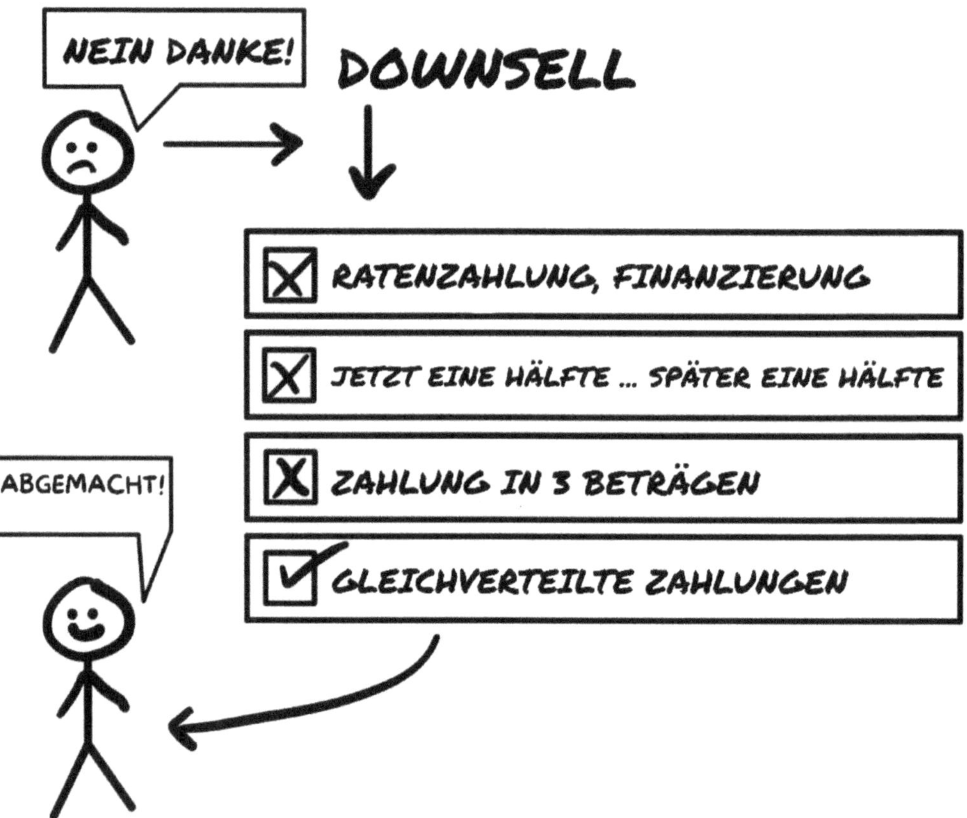

August 2013.

In meinem ersten Geschäftsmonat, als ich nur noch die Miete für einen Monat auf meinem Konto hatte, musste ich unbedingt Umsatz machen, um mein Fitnessstudio am Laufen zu halten. Als eine potenzielle Kundin meinte, sie könne sich mein Programm nicht leisten, gab ich nicht auf, sondern bot ihr verschiedene Zahlungsoptionen an. Schließlich einigten wir uns auf eine vollständige Zahlung an ihrem Zahltag, kurz bevor meine Miete fällig war. Zwei Wochen später konnte ich ihre Karte erfolgreich belasten, was meinen ersten erfolgreichen Zahlungsplan darstellte und mein Geschäft am Leben hielt.

***

Zahlungspläne sind ein Glücksspiel, weil sie auf die eine Art Geld bringen, *aber auf zwei Arten Geld kosten können*. Man verdient mehr, wenn man mehr Kunden bekommt und diese ihre Zahlungen leisten. Man verdient weniger, wenn Leute kündigen, bevor man

Gewinn macht. Am meisten verliert man, wenn Leute, die eigentlich alles sofort bezahlt hätten, einen Zahlungsplan wählen – und dann frühzeitig kündigen.

Dieses Kapitel zeigt Ihnen, wie Sie mit Zahlungsplänen möglichst viel Geld verdienen und möglichst wenig verlieren.

Beschreibung

Wenn die meisten Leute „Downsell" hören, denken sie an weniger, an schlechtere Qualität, an günstigere Preise und so weiter. Aber ich bevorzuge es, den Absatz zu steigern, indem ich dasselbe Produkt noch einmal anbiete. Anstatt etwas Anderes anzubieten, verteile ich die Kosten, indem ich einen Teil sofort berechne und den Rest in Raten zahlen lasse. Ich nenne das einen Zahlungsplan-Downsell. Schauen wir uns einmal an, wie das funktioniert.

Viele Leute lehnen Angebote ab, weil sie „zu viel kosten". In *vielen* Fällen *bedeutet* „das kostet zu viel" aber *eigentlich* „das kostet *jetzt* zu viel". Zahlungspläne bringen mehr Käufer, weil die Kunden in diesem Moment weniger bezahlen. Aber sie steigern auch Ihren Gewinn, weil die Kunden im Laufe der Zeit immer noch den vollen Preis bezahlen.

Mein Zahlungsplan-Downsell-Prozess hat bis zu sieben Schritte. Dabei geht es darum, mehr Geld sofort zu bekommen und den Rest später. Ich höre auf, wenn die Kunden kaufen. Hier sind die Schritte.

Beispiel für einen Zahlungsplan-Downsell-Prozess

1) Schritt Belohnen Sie Kunden besser für eine vollständige Bezahlung, statt sie für Ratenzahlung zu bestrafen. Wenn ich das Risiko eines Zahlungsplans eingehe, erhöhe ich den Preis. Normale Unternehmen machen das, indem sie Zinsen verlangen, aber jeder hasst es, Zinsen zu zahlen. Deshalb biete ich einen <u>Rabatt</u> an, *wenn der Kunde den gesamten Betrag auf einmal bezahlt.*

2) Schritt   Bieten Sie Finanzierungen durch Dritte, Kreditkarten und Ratenzahlungsoptionen an.

<u>Finanzierung durch Dritte</u>: Das heißt, ein anderes Unternehmen bezahlt mich jetzt und der Kunde hat einen Zahlungsplan *mit diesem anderen Unternehmen.*

<u>Kreditkarte</u>: Fragen Sie einfach: „Möchten Sie lieber, dass ich die Zahlungsbedingungen festlege, oder möchten Sie das selbst entscheiden?" Die meisten sagen, dass sie lieber selbst entscheiden möchten. In diesem Fall empfehle ich ihnen, eine Kreditkarte zu

verwenden. So bekomme ich mein Geld noch am selben Tag und die Kunden können die Kreditkartenabrechnung später bezahlen. Diese Umformulierung habe ich von einem Meisterverkäufer gelernt und war überrascht, wie gut sie funktioniert.

<u>Ratenzahlung</u>: Ratenzahlung bedeutet, dass das Produkt *vor* dem Erhalt bezahlt wird. Kunden können so viele Raten zahlen, wie sie wollen. Sie können sich für die Zahlung so viel Zeit nehmen, wie sie möchten. Aber sie bekommen das Produkt erst, *wenn sie es vollständig bezahlt haben.* Das ist für sie *bei weitem* die flexibelste Option und für uns das geringste Risiko.

Wenn sie diese Optionen ablehnen, gehe ich zu Schritt 3 über.

3) Schritt Bieten Sie an, die Hälfte sofort und die andere Hälfte später zu zahlen. Ich frage zuerst: *„Wann bekommen Sie das nächste Mal Ihr Gehalt?"* Danach frage ich: *„Möchten Sie heute die Hälfte bezahlen und den Rest, wenn Sie Ihr Gehalt bekommen?"* Wenn das nicht geht, frage ich: *„Wie viel können Sie heute maximal bezahlen?"* Wenn der Kunde einen Betrag nennt, sage ich: *„Super. Wir nehmen das heute und den Rest, wenn Sie Ihr Gehalt bekommen. Ist das okay?"* Ich finde es gut, Zahlungen an Gehaltszahlungen zu koppeln, da die meisten Leute alle zwei Wochen ihr Gehalt bekommen. Das steigert den 30-Tage-Gewinn viel mehr als monatliche Zahlungen.

Wenn Kunden das nicht können, halte ich kurz inne, um sicherzugehen, dass sie das Produkt wirklich wollen.

4) Schritt Überprüfen Sie, ob die Kunden das Produkt noch wollen. Ich würde vielleicht etwas sagen wie: *„Verstanden. Sie haben also gerade wenig Geld. Ganz schnell. Ich möchte mich vergewissern. Auf einer Skala von 1 bis 10, wie sehr möchten Sie das Produkt?"* Wenn der Kunde 8 oder mehr sagt, bieten Sie ihm weiterhin Zahlungspläne an und sagen Sie: *„Super. Keine Sorge. Wir finden einen Weg, wie wir das für Sie* möglich machen." Wenn der Kunde 7 oder weniger sagt, fragen Sie ihn: *„Warum nicht 10?"* und sagen Sie dann etwas wie: *„Sie haben recht. Ich glaube, wir haben etwas, das besser zu Ihnen passt."* Dann verkaufen Sie ihm etwas Anderes (Feature Downsells – dazu später mehr).

5) Schritt Bieten Sie eine Aufteilung in drei Beträgen an. Wenn Kunden auf der Skala 8–10 sagen, reduziere ich die sofortige Zahlung von der Hälfte auf ein Drittel. Ich biete eine Option mit drei Zahlungen an: ⅓ jetzt und je ⅓ mit den nächsten beiden Gehaltszahlungen – *oder* – ⅓ jetzt und je ⅓ in den nächsten zwei Monaten.

6) Schritt Bieten Sie gleichmäßig verteilte Zahlungen an. Wenn Kunden das immer noch nicht schaffen, verteile ich die Zahlungen gleichmäßig über die restliche Laufzeit der Dienstleistung. Wenn das immer noch Probleme macht, gehe ich zu Schritt 7 über.

7) Schritt Bieten Sie eine kostenlose Testphase an. Ich biete kostenlose Testphasen auf eine besondere Art an. Deshalb habe ich das nächste Kapitel diesem Thema gewidmet. Aber hier endet der Verkauf. Zumindest vorerst.

Dieser Zahlungsplan-Downsell-Prozess umfasst bis zu *neun* Angebote. Und wenn Sie das verrückt finden, verdienen Sie wahrscheinlich viel weniger Geld und bedienen viel weniger Kunden, als Sie könnten.

Wichtige Hinweise

Weniger abgelehnte Zahlungen. Richten Sie Ihre Zahlungspläne nach den Gehaltszahlungen aus. Wenn Sie an Tagen abrechnen, an denen die Leute ihr Geld bekommen, ist die Wahrscheinlichkeit höher, dass sie zahlen.

So stellen Sie sicher, **dass Sie mit Zahlungsplänen Geld verdienen.** Nach der Einführung von Zahlungsplänen sollte Ihre Abschlussquote steigen. Wenn jedoch die Anzahl der vollständigen Zahlungen sinkt, haben Sie gerade Leute, die vollständig bezahlt hätten, in Zahlungspläne gesteckt! *Sie möchten* also *insgesamt mehr Verkäufe abschließen, aber mit dem gleichen Prozentsatz an vollständigen Zahlungen.*

Übung Nr. 16: Erstellen Sie Ihre Zahlungsplan-Leiter

Listen Sie den Gesamtpreis Ihres Hauptangebots auf. Schreiben Sie dann drei Zahlungsplan-Optionen auf, die Sie verwenden könnten.

Gesamtpreis: ___________________

Option 1 – Die Hälfte jetzt, die Hälfte später: _______________________

Option 2 – Drei Zahlungen: _____________________

Option 3 – Plan mit gleichmäßig verteilten Zahlungen (Dauer + Betrag): _________

____

Testphase mit Strafgebühr

Wenn Sie X, Y, Z machen, können Sie kostenlos anfangen.

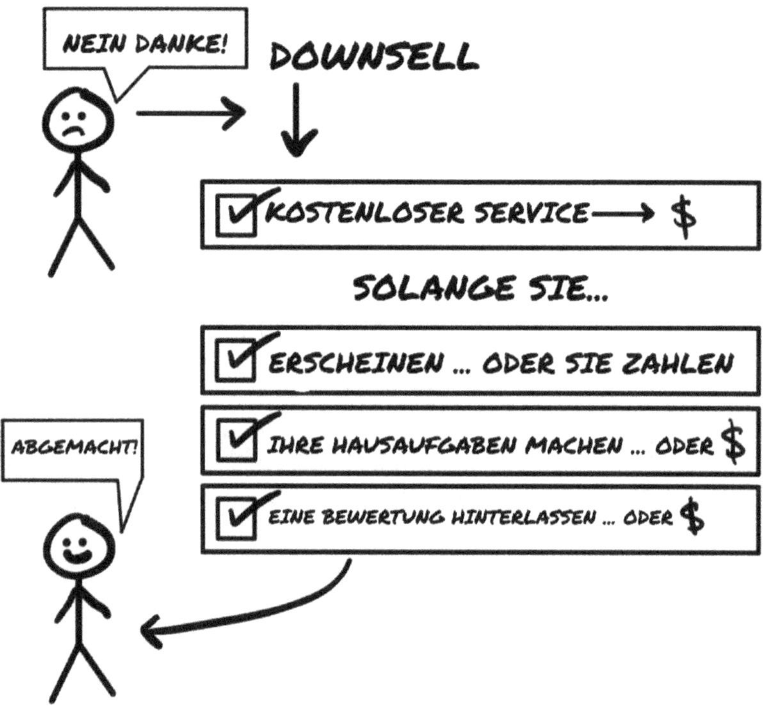

Frühjahr 2018.

Gym Launch wuchs schnell. Leila brauchte bessere Lösungen für das Personalmanagement und fand ein Unternehmen mit einem interessanten Angebot. Das Unternehmen bot eine kostenlose Einarbeitung an, wenn Leila ihre Schulung absolvierte, würde aber Gebühren erheben, *wenn sie an der Schulung nicht teilnahm.* Diese Strategie zwang Leila, sich mit der komplexen Software vertraut zu machen. Am Ende blieb sie dabei, weil sie nicht lernen wollte, wie man eine andere Software benutzt.

Beschreibung

Bei einem Angebot mit Strafgebühr können Kunden Ihr Produkt oder Ihre Dienstleistung kostenlos testen, *solange sie Ihre Bedingungen erfüllen.* Im Idealfall sollten die Bedingungen so gestaltet sein, dass sie Ihnen hervorragende Kunden bringen. Sie sollten also die Aktionen und Ergebnisse widerspiegeln, die Sie in Ihrem Geld zurück-Angebot nutzen. Diesmal nutzen wir jedoch *die Vermeidung von Gebühren* (statt die Rückerstattung von Geld), um einen Anreiz zur Einhaltung der Bedingungen zu schaffen.

Um einen solchen Downsell mithilfe einer Testphase mit Strafgebühr zu machen, müssen Sie sich überlegen, was die Leute tun müssen, um die Gebühr zu vermeiden, und wie Sie sie berechnen. Normalerweise bringen Sie einen Teil der Leute dazu, Ihr Hauptangebot zu kaufen. Also bieten Sie das zuerst an. Und den Rest bekommen Sie mit diesem Downsell.

Wenn Sie nur ein Angebot haben, verlieren Sie alle, die Nein sagen. Testphasen mit Strafgebühr geben den Leuten eine zweite Chance, Ja zu sagen.

Wie Sie die Testphase im Downsell verkaufen

Hier ist eine Grafik, die zeigt, wie ich eine Testphase mit Strafgebühr in fünf Schritten verkaufe.

Bieten Sie die Testphase als Letztes an. Wenn jemand deutlich macht, dass er Ihr erstes Angebot nicht will, dann verkaufen Sie die Testphase mit Strafgebühr.

Lassen Sie sich immer eine Kreditkarte geben. Notieren Sie die Kundendaten, behalten Sie den Ausweis in der Hand und fragen Sie nach der Kreditkarte mit den Worten: *„Welche Karte möchten Sie verwenden?"* Der Kunde muss eine Kreditkarte hinterlegen. Wenn er sich weigert, sagen Sie einfach: *„So machen wir das immer."*

Verkaufen Sie immer „Weitermachen und Bezahlen". Fragen Sie <u>direkt</u>: *„Wenn dieses Programm Ihnen das gewünschte Ergebnis bringt, bleiben Sie dann langfristig dabei?"* Sie möchten, dass Kunden sich zu einer langfristigen Teilnahme verpflichten, wenn Sie ihnen Ergebnisse liefern. Wenn sie Nein sagen, macht es keinen Sinn, ihnen eine Testphase anzubieten. Sobald die Kunden einverstanden sind, fahren Sie fort.

Erklären Sie die Gebühren, *nachdem* Sie ihre Kreditkarte bekommen haben. Ich sage etwas wie: *„Wir werden unseren Teil beitragen, <u>solange Sie Ihren Teil beitragen</u>. Jetzt bitte ich Sie nur, dass Sie auf sich selbst setzen – wenn Sie etwas verpassen oder auslassen, werden Ihre Ergebnisse darunter leiden. Wir berechnen eine Gebühr, um Sie auf Kurs zu halten. Wenn Sie etwas verpassen, ist das keine große Sache. Sie müssen eine kleine Gebühr zahlen, aber dafür sind Sie wieder auf Kurs. Wenn Sie dranbleiben, bekommen Sie alles kostenlos. Das ist also der beste Weg, wie wir Ihnen tolle Ergebnisse liefern und Ihnen den Service kostenlos anbieten können. Das Beste aus beiden Welten."*

Hinweis: Wenn Sie die Gebühren erklären, *bevor* Sie die Karte bekommen, werden Sie auf mehr Widerstand stoßen. Erklären Sie sie daher *erst danach* mit einer *„So haben wir es immer gemacht"*-Einstellung.

Machen Sie Check-ins zur Pflicht. Zuerst erklären wir *alle* Kriterien, damit Kunden die Kosten und Vorteile der Einhaltung verstehen. Dann machen wir auf die Check-ins (unsere Upsell-Möglichkeiten) aufmerksam.

Wie ich aus einer Testphase heraus einen Upsell mache. Wenn jemand eine Testphase ausprobiert, gibt es drei Möglichkeiten: Entweder er mag das Produkt, er mag es nicht oder er nutzt es einfach nicht. Hier zeige ich Ihnen, wie ich in jedem Fall einen Verkauf tätige.

1) <u>Wenn er das Produkt mag</u>: Das ist ganz einfach. Sie haben bereits die automatische Abrechnung eingerichtet. Super! Treffen Sie sich trotzdem mit dem Kunden. Sie können ihm immer noch eine längerfristige oder hochwertigere Version Ihrer Dienstleistung (oder beides) anbieten. Erfolgreiche Kunden profitieren in der Regel noch mehr von Ihren besseren (und profitableren) Angeboten.

2) <u>Wenn er es nicht mag</u>: *Drehen Sie den Spieß um.* Fragen Sie ihn, was er lieber anders hätte. Sagen Sie ihm, dass er total Recht hat und dass Sie sauer auf sich selbst sind, weil Sie das übersehen haben. *Geben Sie dem Kunden nicht die Schuld.* Nur einer kann sauer sein – und das sollten Sie sein. Fragen Sie ihn, ob er Ihnen eine Chance gibt, es wieder gut zu machen, weil Sie so empört über seine Erfahrung sind. Und dass Sie jetzt, da Sie seine Bedürfnisse besser verstehen, wissen, dass diese besser zu Ihrem höherwertigen Angebot passen. Dann bieten Sie es ihm an. Ja – das ist ein Verkauf. Ich kann etwa die Hälfte solcher Leute zum Kauf bewegen.

3) <u>Wenn er es nicht genutzt hat</u>. *Kontaktieren Sie den Kunden mehrmals, bevor es so weit kommt.* Erklären Sie ihm, dass Sie sich mit ihm treffen müssen. Bieten Sie ihm an, die Gebühr zu erlassen, falls er zustimmt. Jetzt können Sie versuchen, ihn wieder an Bord zu holen oder ihm etwas Besseres anzubieten. Ich mag es nicht, Leuten etwas in Rechnung zu stellen, die gar nicht erst mit der Testphase anfangen. Eine kleine Gebühr ist eine 1-Stern-Bewertung nicht wert. Aber hey, es ist Ihre Entscheidung.

Was Kunden kostenlos bekommen und was sie tun müssen, um die Gebühr zu vermeiden. Sie müssen wissen, wie Ihre *Nutzungsbedingungen* aussehen werden. Die wertvollen Teile sind entweder Ihr Basisangebot (wie das Lockangebot) *oder* Ihr „Gewinnen Sie Ihr Geld zurück"-Angebot. Beides funktioniert. Ich würde empfehlen, lieber mehr als weniger zu geben – wenn Sie es sich leisten können. Die Kriterien sollten Kunden aktivieren und binden.

Gebühren aufteilen vs. eine Pauschalgebühr verlangen. Angenommen, Sie haben ein Produkt für 500 Dollar mit zehn Aufgaben. Ich würde lieber 50 Dollar für jeden Fehler berechnen als eine Gebühr von 500 Dollar für den ersten Fehler. Wenn hingegen ein einziger Fehler den Erfolg wirklich beeinträchtigt, sollte sich dies in der Gebühr widerspiegeln. Ich habe gesehen, dass beides funktioniert.

Geben Sie Leuten die Chance, Fehler wiedergutzumachen. Viele Leute sind genervt, wenn sie eine Rechnung bekommen. Aber Sie können ihnen die Möglichkeit geben, das wiedergutzumachen. Das ist super, um Leute wieder an Bord zu holen und sie zu Kunden zu machen. Wenn sie das aber nicht nutzen, können Sie ihnen die Rechnung ruhig schicken.

Jetzt weniger bezahlen oder später mehr bezahlen vs. Testphase mit Strafgebühr. Ich nutze „Jetzt weniger bezahlen oder später mehr bezahlen" als Downsell für physische Produkte oder einmalige Dienstleistungen. Und ich nutze „Testphase mit Strafgebühr" als Downsell für wiederkehrende Produkte oder Dienstleistungen.

Rabatte sollten dafür sorgen, dass Kunden ihre Kreditkarten hinterlegen. Manche Leute finden es komisch, wenn Sie ihnen etwas umsonst anbieten und dann nach ihrer Karte fragen. Aber wenn Ihr Preis wirklich niedrig ist, ist es okay, nach der Karte zu fragen. Der niedrige Preis bedeutet, dass die Karte wahrscheinlich funktionieren wird, wenn die automatischen Zahlungen anfangen. Anstelle eines kostenlosen Monats könnten Sie also „den ersten Monat für 1 Dollar" anbieten und dann X Dollar pro Monat für jeden weiteren Monat.

Übung Nr. 17: Erstellen Sie Ihr Angebot für eine „kostenlose Testphase/Testversion mit Strafgebühr"

1. Schreiben Sie den Gesamtpreis/die Strafgebühr auf, wenn Kunden nicht tun, was sie tun sollen: _______________ Dollar

2. Schreiben Sie die Bedingungen Ihrer Testphase/Testversion auf:

    a. Maßnahme, die Kunden ergreifen müssen 1: _______________________

        i. Preis/Strafgebühr, wenn sie das nicht tun: _________ Dollar

    b. Maßnahme, die Kunden ergreifen müssen 2: _______________________

        i. Preis/Strafgebühr, wenn sie das nicht tun: _________ Dollar

    c. Maßnahme, die Kunden ergreifen müssen 3: _______________________

        i. Preis/Strafgebühr, wenn sie das nicht tun: _________ Dollar

    d. Meeting, an dem Kunden teilnehmen müssen 1: _______________________

        i. Preis/Strafgebühr, wenn sie nicht teilnehmen: _________ Dollar

    e. Meeting, an dem Kunden teilnehmen müssen 2: _______________________

        i. Preis/Strafgebühr, wenn sie nicht teilnehmen: _________ Dollar

    f. Meeting, an dem Kunden teilnehmen müssen 3: _______________________

        i. Preis/Strafgebühr, wenn sie nicht teilnehmen: _________ Dollar

---

GRATIS-GESCHENK: Schulung zu kostenlosen Testphasen

Nicht alle Unternehmen können kostenlose Testphasen anbieten. Aber wenn Sie es können, ist das ein super Downsell. Es gibt natürlich richtige und falsche Wege, das zu machen, und richtige und falsche Unternehmen, die das machen sollten. Ich habe ein kostenloses Video für Sie erstellt, in dem ich dieses Kapitel so detailliert wie möglich behandle. Sie können es sich unter acquisition.com/training/money ansehen. Ich habe einen QR-Code für den schnellen Zugriff eingefügt.

Feature-Downsells

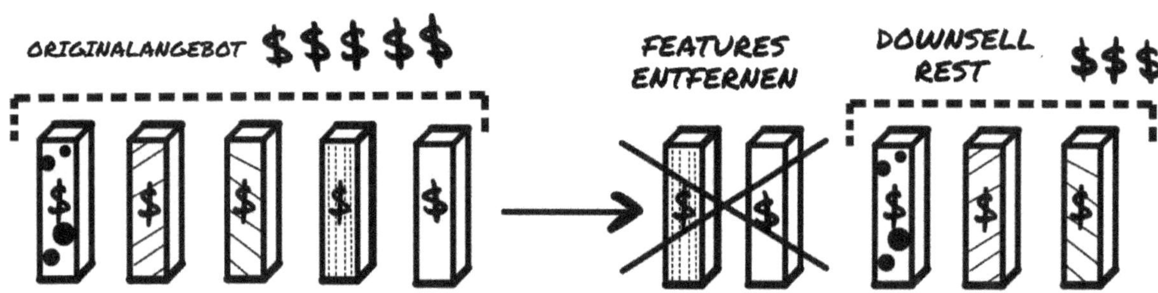

Ich weiß nicht mehr genau, wann das im Jahr 2019 war.

Ein befreundeter Unternehmer zeigte mir einen neuen Downsell, mit dem er seine Abschlussquote von 25 % auf 75 % verdreifacht hatte, ohne Zahlungspläne oder traditionelle Rabatte zu nutzen. Er bot einen niedrigeren Preis an, indem er die Geld-zurück-Garantie, die er normalerweise anbot, wegließ. Er behandelte sie also wie ein Feature, das er hinzufügen oder entfernen konnte und das einen bestimmten Wert hatte. Dieser Downsell hatte seinen Gesamtumsatz gesteigert, aber auch die Zahl der Vollzahlungen erhöht. In dem Moment, als die Kunden merkten, dass sie die Garantie verlieren würden, wurde ihnen klar, dass sie diese umso mehr wollten.

Die Ergebnisse waren beeindruckend: Von 100 potenziellen Kunden kauften jetzt 35 das Hauptprodukt (vorher 2 und weitere 40 entschieden sich für das Downsell-Angebot (ohne Garantie).

Beschreibung

Feature-Downsells senken den Preis, indem sie das Angebot für die Kunden ändern. Ich mache das, indem ich weniger Menge, geringere Qualität, günstigere Alternativen oder weniger optionale Komponenten anbiete.

Alle Features haben einen Preis und einen Wert. Wenn Sie etwas weglassen, sinkt natürlich der Preis. Aber auch der Wert sinkt. Welche Features Sie weglassen und um wie viel Sie den Preis senken, beeinflusst, wie gut das Angebot für den Kunden ist. Diese Änderung des Preis-Leistungs-Verhältnisses Ihres Angebots beeinflusst das Kaufverhalten der Leute. Diese wollen das *für sie beste Angebot.*

Wenn Sie zum Beispiel etwas entfernen, was die Kunden nicht mögen, und den Preis stark senken, bekommen sie ein *besseres Angebot*. Wenn Sie Dinge streichen, die sie lieben, und den Preis ein bisschen senken, bekommen sie ein *schlechteres Angebot*. Beides bringt Leute zum Kaufen. In der Geschichte liebten die Kunden die Garantie. *Die Garantie war viel mehr wert als ihr Preis.* Selbst wenn Kunden zunächst abgelehnt hatten, wurde der Wert der Garantie durch deren Wegfall sofort deutlich. Die Kunden sahen das teurere Angebot als das *bessere Angebot* an. Nachdem sie die Downsell-Option gesehen hatten, kauften sie also das erste Angebot.

Die Leute werden den Wert der weggenommenen Funktion erst erkennen, *sobald sie den Preisunterschied sehen*. Sie wägen nämlich ab, wie viel Geld sie sparen und wie viel Wert sie verlieren. Mit cleverem Feature-Downselling bringen Sie Kunden dazu, sich selbst für die teureren Angebote zu entscheiden. Das heißt, Sie sollten *Features vom höchsten zum niedrigsten Wert entfernen*. Da die Leute mehr Wert für ihr Geld wollen, motiviert das Kunden, das für sie wertvollste Produkt zu kaufen.

Feature-Downsells funktioniert ganz einfach: Man nimmt etwas weg, senkt den Preis und fragt dann mit anderen Worten: „Wie wäre es jetzt?"

Beispiele für Feature-Downsell

Feature-Downselling mittels Reduzierung der Produktqualität. Denken Sie an ältere Versionen, weniger zuverlässige Materialien, Materialien mit niedrigerem sozialen Status usw.

Feature-Downsell Produktqualität: *Anstelle der Ledersitze können wir auch Vinyl nehmen, wie klingt das?*

Feature-Downselling mittels Reduzierung der Servicequalität. Das kann vieles bedeuten. Ich zeige Ihnen ein paar Möglichkeiten, wie ich die Qualität von Services verändere. Tipp: Das funktioniert auch, um die Servicequalität *zu verbessern*.

Feature-Downsell Servicequalität: *Anstatt einer Antwortzeit von 5 Minuten könnten wir Ihnen auch eine Antwort über Nacht anbieten. So sparen Sie Geld und bekommen trotzdem Ihre Antworten — nur mit einer kleinen Verzögerung.*

Weitere Servicequalitäts-Features:

- Verfügbarkeit: Zu bestimmten Zeiten vs. wann immer Sie wollen

    o Wochentage: Mo/Mi/Fr vs. alle Tage

- o Tageszeiten: 9 bis 17 Uhr vs. 24 Stunden

- o Zeitaufwand: 15-minütige Support-Anrufe vs. 60-minütige Support-Anrufe

- Standortverfügbarkeit: Dieser eine Standort vs. alle Standorte, die wir haben

- Stornierungen: Umbuchungsgebühren vs. kostenlos

- Reaktionsgeschwindigkeit: Antwort innerhalb von Minuten vs. Stunden vs. Tagen usw.

- Liefergeschwindigkeit: In der Warteschlange stehen vs. Priorität, am selben Tag/ am nächsten Tag vs. nächste Woche usw.

- Serviceverhältnis: Eins-zu-eins vs. eins-zu-viele vs. viele-zu-eins

- Kommunikationsmethode: Text-Support vs. Chat-Support vs. Videoanruf-Support usw.

- Qualifikationen des Anbieters: Chef vs. langjähriger Mitarbeiter vs. neuer Mitarbeiter usw.

- Live vs. aufgezeichnet: Jetzt live anschauen vs. später anschauen

- Persönlich vs. remote: Sehen, wo es vor Ort passiert vs. woanders sehen

- DIY, DWY, DFY. Selbst machen (do it yourself) vs. mit Ihnen zusammen gemacht (done with you) vs. für Sie gemacht (done for you)

- Ablaufdatum: Funktioniert immer vs. funktioniert für X Zeit vs. funktioniert zu bestimmten Zeiten

- Personalisierung: Allgemein vs. speziell für Sie gemacht

- Versicherung/Garantie:

  - o Laufzeit: Ein Jahr vs. lebenslang

  - o Deckung: Bestimmte Schadensfälle vs. alle Schadensfälle

  - o Bedingungen: Bedingungslos vs. nur, wenn Sie XYZ machen

Feature-Downselling mittels Entfernen ganzer Funktionen. Anstatt die Menge oder Qualität zu verringern, entfernen Sie die Funktion selbst. In der erwähnten Geschichte hat der Unternehmer eine Garantie komplett entfernt.

<u>Downsell durch Entfernen ganzer Funktionen</u>: *Anstatt Chat-Support, E-Mail-Support und Anrufe anzubieten, könnten wir doch einfach nur Chat- und E-Mail-Support anbieten und die Anrufe weglassen, um Ihnen etwas Geld zu sparen. Sie bekommen trotzdem Ihre Antworten, wir sparen Zeit und können diese Einsparungen an Sie weitergeben.*

Feature-Downselling: DFY („Für Sie gemacht") oder DIY („Selbst machen"). Wenn jemand alle Ihre Service-Downsells ablehnt, können Sie ein anderes Produkt anbieten, das das gleiche Problem löst.

<u>Produkt-Downselling von DFY zu DIY</u>:

- <u>Chiropraktiker</u>: *Wollen wir statt mit chiropraktischen Behandlungen zunächst damit beginnen, dass Sie einige Hilfsmittel zur Selbstanwendung nutzen?* Dann könnten Sie Massagegeräte, Schaumstoffrollen, Matten usw. für die Anwendung zu Hause verkaufen.

- <u>Maler</u>: *Wenn Sie sich meine Dienste nicht leisten können, um Ihr Haus zu streichen, warum gebe ich Ihnen nicht einfach die Farbe und vermiete Ihnen eine unserer Sprühmaschinen gegen eine Tagesgebühr?*

- <u>Alex Hormozi</u>: *Anstatt dass ich und mein Team Ihr Unternehmen kaufen und Ihr Geschäft aktiv ausbauen, warum nehmen Sie nicht einfach an einem Workshop teil?* (*Hüstel* Gehen Sie zu acquisition.com)

Wichtige Hinweise

Vergessen Sie nicht, dass Sie niemals über den Preis verhandeln sollten. Lassen Sie niemanden *einfach so* weniger bezahlen.

Bleiben Sie ein hilfsbereiter Berater. Denken Sie daran: Beim Feature-Downselling geht es darum, *das beste Angebot für den Kunden* zu finden.

Optimieren Sie Ihren Feature-Downsell-Prozess. Wir haben die Aufgabe, dafür zu sorgen, dass das Produkt *aus Sicht des Kunden* den besten Wert für sein Geld bietet. Aber am Anfang wissen Sie noch nicht viel über die Vorlieben Ihrer Kunden. Wenn Sie also immer wieder die gleichen Probleme für die gleiche Art von Kunden lösen, lernen Sie, was sie am meisten schätzen.

So standardisiere ich meinen Downsell-Prozess. Zuerst streiche ich etwas Wertvolles und senke den Preis *ein bisschen*. Damit will ich die Leute dazu bringen, das ursprüngliche Angebot/den ursprünglichen Preis noch einmal zu überdenken. Wenn das nicht klappt, entferne ich weitere Features und senke den Preis, bis sie kaufen. Ich finde es besser, wenn die Leute *etwas* bekommen als gar nichts.

Geben Sie Ihren Feature-Kombinationen Namen. Benennen Sie die teuerste Kombination nach einem Status, den Ihre Kunden erstrebenswert finden, z. B. „Das Wal-Paket", „Die totale Verwandlung", „High Roller" usw. Schauen Sie sich Fluggesellschaften an. Erstellen Sie Ihre eigenen Versionen von First Class → Business Class → Economy Class.

Ich nenne meine günstigste Kombination „Das Minimum". Das gefällt mir, weil es impliziert, dass Kunden *mindestens* dieses Angebot bekommen. Wenn jemand alle anderen Pakete ablehnt, frage ich einfach: „Also nichts mehr als das Minimum-Paket?" Damit soll der Kunde Nein sagen, um Ja zu sagen (wie beim klassischen Upsell).

Fragen Sie nach jedem Downsell: „Deal?" oder „Fair genug?" Das funktioniert *erstaunlich* gut. Weniger Leute werden merken, dass Sie das Angebot für sie geändert haben, und dann sagen: „Nein, das ist nicht fair." Hören Sie sich an, wie ich Feature-Downsells in Folge 202 meines Podcasts „The Game" vorstelle: „Wie man jedem etwas verkauft: Downselling wie ein Profi".

Kostenlose Orientierungsveranstaltungen steigern den Verkauf von „Do it yourself"-Produkten. Wenn jemand alle meine „Done for you"-Angebote abgelehnt hat, frage ich*: „Auch wenn wir bei X nicht zusammenarbeiten werden, möchte ich Ihnen trotzdem helfen. Wie wäre es, wenn Sie morgen zu einer kostenlosen Orientierungsveranstaltung zu X kommen?"* Am Ende der Orientierungsveranstaltung biete ich ein DIY-Produkt an, das das gleiche Problem löst wie der DFY-Service.

Machen Sie Feature-Downsells mit Ihren Garantien. Wenn Sie schon eine Garantie haben, machen Sie das Weglassen davon zu einem Teil Ihres Feature-Downsell-Prozesses. Die Leute legen Wert auf Sicherheit, also führt das Weglassen vielen den Wert der Garantie vor Augen. Das verwandelt oft ein anfängliches „Nein" in ein „Ja".

Bieten Sie Feature-Downsells <u>Ihren Bestandskunden</u> an. Leute, die alle Funktionen nutzen, für die sie bezahlen, bleiben länger Kunden als Leute, die das nicht tun. Wenn Sie also merken, dass ein Kunde eine Funktion nicht nutzt, bieten Sie ihm einen günstigeren Preis an, bei dem er nur für die Funktionen bezahlt, die er nutzt. Entweder sagt er Ihnen, dass er die Funktion behalten und vielleicht wieder nutzen möchte, oder er freut sich über das *bessere Angebot*.

Betreiben Sie Tauschhandel mit Bewertungen, Erfahrungsberichten und Empfehlungen. Tauschhandel ist die älteste Form des Handels. Wenn jemand den Preis beanstandet, biete ich manchmal Rabatte im Austausch für Werbung an. Beispiel: *„Ich ziehe 100 Dollar ab, wenn Sie: mir eine Bewertung auf allen Bewertungsseiten geben, mir* *ein Video-Testimonial hinterlassen, zu Beginn, in der Mitte und am Ende unseres Programms einen öffentlichen Beitrag in den sozialen Medien posten, in welchem Sie Ihre Fortschritte zeigen, mir zwei Freunde vorstellen, die das auch machen möchten. Abgemacht?"* Für mich ist die Werbung mehr wert als der Rabatt von 100 Dollar. Für den Kunden sind die 100 Dollar weniger wert als die Werbung. Win-Win.

Übung Nr. 18: Erstellen Sie Ihre Feature-Downsells

1. Feature-Downsell Nr. 1 (Etwas Wertvolles, das Kunden wollen):

    ____

    a. Rabatt (gering): _______________ Dollar

2. Feature-Downsell Nr. 2 (Etwas, das Kunden *weniger* wollen):

    ____

    a. Rabatt (mittel): _______________ Dollar

3. Feature-Downsell Nr. 3 (Etwas, das Kunden *weniger* wollen):

    ____

    a. Rabatt (mittel): _______________ Dollar

4. Feature-Downsell Nr. 4 (Etwas, das Kunden *weniger* wollen):

    ____

    a. Rabatt (groß): _______________ Dollar

GRATIS-GESCHENK: Feature-Downsell-Schulung [keine Anmeldung nötig]

Wenn Sie die Funktionen und Features Ihrer Dienstleistungen und Produkte verstehen, haben Sie einen riesigen Vorteil. Sie können Ihre Produkte super profitabel machen *und gleichzeitig* für die Kunden attraktiv bleiben. Das ist eins meiner Lieblingsthemen und ich habe eine zusätzliche Schulung dazu erstellt. Sie können sie sich wie immer unter acquisition.com/training/money ansehen. Ich habe einen QR-Code für den schnellen Zugriff eingefügt.

Downsell-Angebote – Fazit

Downsells geben Ihnen eine weitere Chance, einen Kunden zu gewinnen, indem sie ein *Nein* in ein *Ja* verwandeln. Deshalb geht es nicht so sehr darum, hundert verschiedene Produkte mit dem gleichen Angebot zu haben, sondern eher darum, hundert verschiedene Angebote für das gleiche Produkt zu haben. Aber egal was passiert, das Angebot ist *nie das gleiche Produkt zu einem günstigeren Preis*. Wir optimieren das Angebot einfach so lange, bis es *für den Kunden das beste Angebot* ist. Das zusätzliche Geld lässt unsere 30-Tage-Gewinne explodieren und wir übertreffen unsere Ziele.

Wir haben also Attraktions-Angebote genutzt, um Kunden zu *einem ersten Kauf* zu bewegen. Wir haben Upsells eingesetzt, um sie zum nächsten Kauf zu bewegen. Und jetzt habe ich Ihnen meine drei besten Downsell-Prozesse gezeigt, *falls sie Nein sagen*: Zahlungsplan-Downsells, Testphase mit Strafgebühr und Feature-Downsells.

Als Nächstes kommen wir zur letzten Phase eines *100-Millionen-Dollar-Geldmodells*: Fortsetzungsangebote – *wie Sie dafür sorgen, dass Kunden dauerhaft kaufen.*

Übung Nr. 19: Wählen Sie Ihr Downsell-Angebot

Wählen Sie die Downsell-Angebote aus, die Sie nutzen werden, um mehr Leute zum Ja zu bewegen. Schauen Sie sich Ihre Antworten aus dieser Übung an und fangen Sie an, Ihre Downsells einzusetzen. Markieren Sie alles, was Sie nutzen wollen:

a. Zahlungsplan-Downsells (   )

b. Testphase mit Strafgebühr (   )

c. Feature-Downsells (   )

ABSCHNITT V: FORTSETZUNGSANGEBOTE

Du kannst ein Schaf dein ganzes Leben lang scheren, aber du kannst es nur einmal häuten. – **John, einer meiner ersten Mentoren**

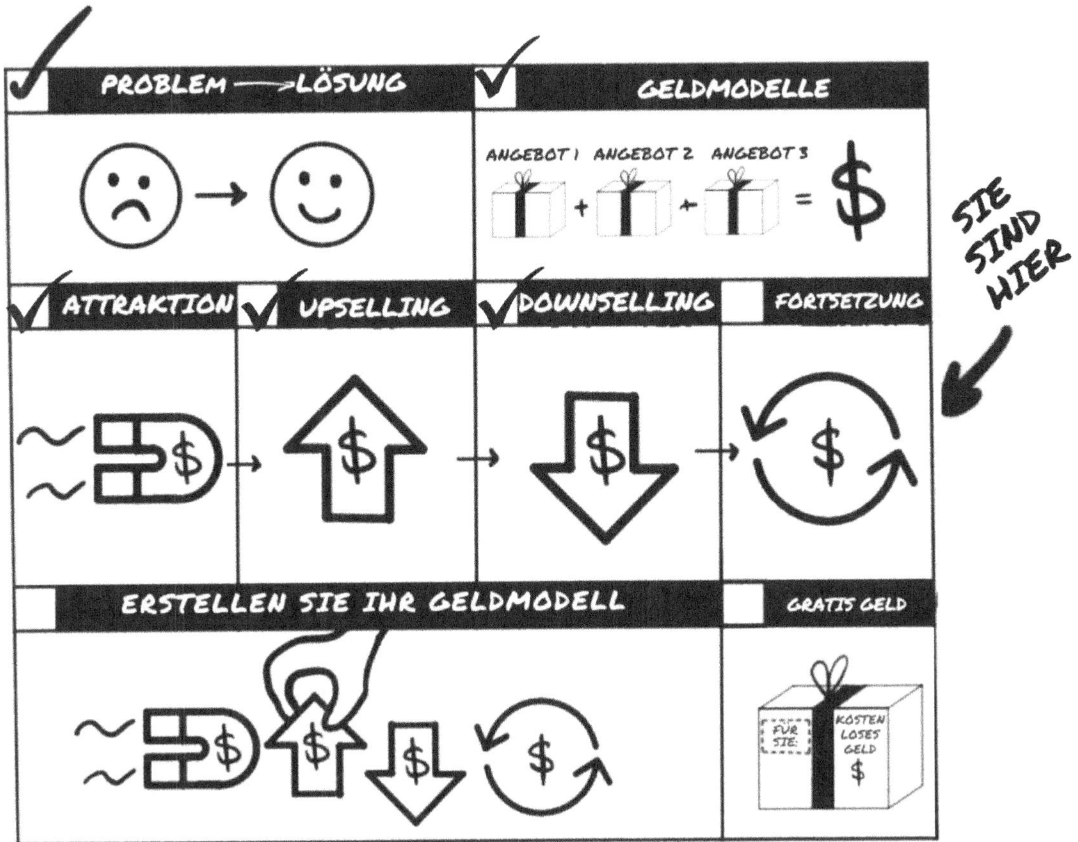

Wenn Sie Fortsetzungsangebote richtig umsetzen, bekommen Sie mehr Kunden *und* verdienen mehr Geld mit ihnen. Fortsetzungsangebote *bieten einen dauerhaften Wert, für den Kunden regelmäßig bezahlen – bis sie kündigen.* Sie steigern den Gewinn pro Kunde und bieten Ihnen ein letztes Verkaufsargument. Fortsetzungsangebote sind super, weil Sie nur einmal verkaufen, aber immer wieder bezahlt werden.

Lassen Sie mich das erklären.

Nehmen wir mal an, Sie verkaufen 100 Leuten etwas für 1.000 Dollar und 10 kaufen es – dann haben Sie 10.000 Dollar verdient (10 x 1.000 Dollar).

Nehmen wir jetzt an, Sie sprechen mit denselben 100 Leuten, aber statt 1.000 Dollar berechnen Sie nur 50 Dollar pro Monat. Bei 50 Dollar können wir 40 von 100 Interessenten zum Kauf bewegen. Und wenn Sie diese Kunden zwanzig Monate lang bei der Stange halten, *verdienen Sie immer noch 1.000 Dollar pro Kunde.* Sie verdienen dann nicht mehr 10.000 Dollar jetzt und 0 Dollar im Laufe der Zeit, sondern 2.000 Dollar jetzt und 40.000 Dollar im Laufe der Zeit.

Als zusätzlicher Bonus: Im ersten Beispiel hätten Sie, wenn Sie nur an 10 Kunden verkauft hätten, später nur 10 Kunden für ein Upsell. Wenn Sie ein Fortsetzungsangebot genutzt und an 40 Kunden verkauft hätten, hätten Sie später viermal so viele Kunden für ein Upsell. Ein riesiger Unterschied.

Das zeigt die Vor- und Nachteile von Fortsetzungsangeboten. Sie können mehr Kunden anziehen als mit einem teureren Angebot, aber Sie verdienen *jetzt viel* weniger Geld. Das macht es schwierig, ein solches Angebot *ganz allein* als Attraktions-Angebot zu nutzen. Selbst wenn Sie morgen mehr Geld verdienen können, sind Sie mit Fortsetzungsangeboten heute knapp bei Kasse.

Indem wir Fortsetzungsangebote *zum Schluss* machen, bekommen wir das Beste aus allen Welten. Wir bekommen heute Geld durch Attraktions-Angebote, Upsell-Angebote und Downsell-Angebote. Wir bekommen heute ein bisschen Geld und morgen jede Menge Geld durch Fortsetzungsangebote.

Um es klar zu sagen: Sie können Fortsetzungsangebote machen, wo und wie Sie wollen. Sie können neue Kunden anziehen, für Upsells und Downsells bei aktuellen Kunden sorgen oder alte Kunden wieder anlocken.

Außerdem sind nur *bestimmte* Dinge für ein Fortsetzungsangebot sinnvoll. Es ist für einen Kunden nicht sinnvoll, wenn er für einen eintägigen Workshop ewig bezahlen muss. Es macht Sinn, dass die Leute so lange zahlen, bis sie die Kosten gedeckt haben – und das ist dann ein Zahlungsplan. Gleichzeitig ist es wahrscheinlich ein Fehler, nur einen einmaligen Preis (auch wenn er hoch ist) für eine Dienstleistung zu berechnen, die man dauerhaft anbietet. Wenn Ihre Kunden einen dauerhaften Nutzen haben, ist es wahrscheinlich sinnvoll, dass sie auch dauerhaft zahlen.

Die drei Fortsetzungsangebote

Alle Angebote hängen davon ab, dass Kunden kaufen. Aber Fortsetzungsangebote hängen davon ab, dass Kunden immer wieder kaufen. Ich schaffe beides, indem ich Boni, Rabatte und Gebühren kombiniere.

- Fortsetzungsangebote mit Boni

- Fortsetzungsangebote mit Rabatten

- Angebote mit Gebührenerlass

Nachdem wir das geklärt haben: Sie können Kunden nicht dazu bringen, Ihr Fortsetzungsangebot anzunehmen, wenn sie nicht erst einmal damit angefangen haben ... also fangen wir damit an.

Fortsetzungsangebote mit Boni

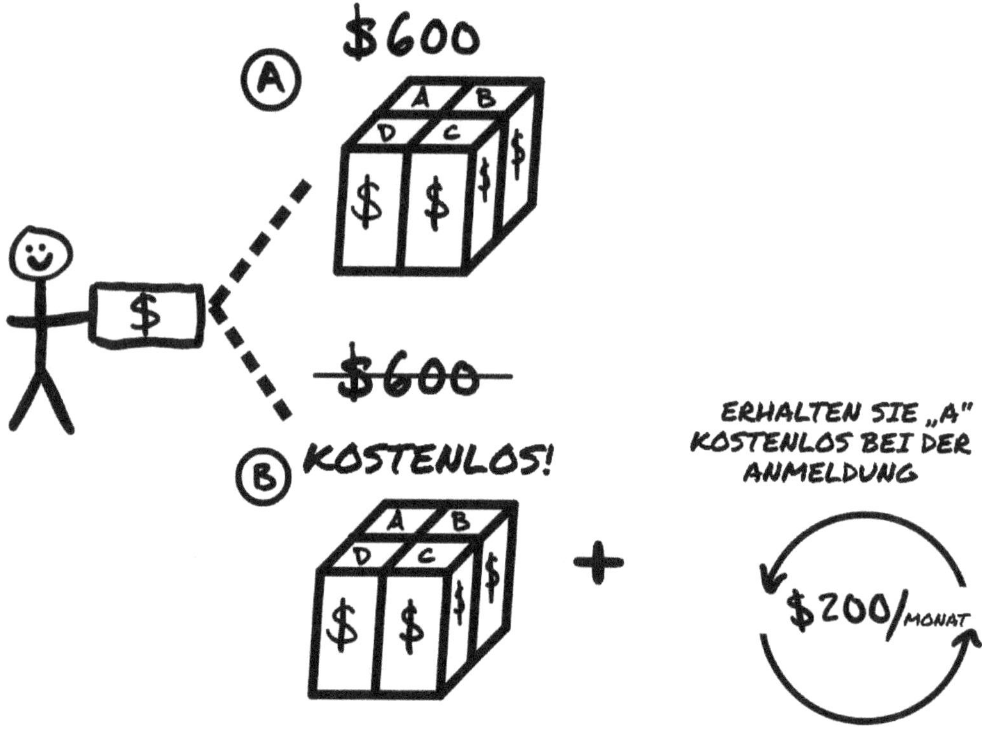

Herbst 2019. Als ich lernte, dass Boni mehr Leute dazu bringen, sich für Fortsetzungsprogramme anzumelden …

Ein Fitnessstudio-Besitzer kam mit beeindruckenden Zahlen zu mir. Er hatte mein Standardangebot „Gewinnen Sie Ihr Geld zurück" für eine sechswöchige Challenge angepasst. Anstatt es direkt zu verkaufen, bot er es als eigenständiges Angebot und separat als Gratisgeschenk bei einer Mitgliedschaft an. Durch diese Anpassung *verdreifachte er* seine Mitgliedschaftsverkäufe und behielt gleichzeitig die Vorauszahlungen bei, da einige Leute das eigenständige Angebot weiterhin kauften.

Später fand er einen Weg, noch mehr Geld zu verdienen, indem er neuen Mitgliedern innerhalb der ersten Wochen eine vergünstigte sechsmonatige Prepaid-Mitgliedschaft verkaufte. Diese clevere Änderung hatte sein Fitnessstudio verändert und wurde zu einem festen Bestandteil meiner Geldmodelle.

Beschreibung

Mit Fortsetzungsboni geben Sie dem Kunden etwas Tolles, *wenn* er sich heute anmeldet. In der Regel hat der Bonus selbst einen höheren Wert als die erste Fortsetzungszahlung. Das ist alles.

Bonus – Mehrwert schaffen. Bei Produkten können Sie viele kleine Dinge oder ein großes Produkt verschenken, das das Fortsetzungs-Abonnement ergänzt. Bei Dienstleistungen verschenken Sie ein bestimmtes Programm, eine Einweisung, ein Setup oder eine Funktion, die einen Mehrwert bietet.

Rabatt – Kosten senken. Denken Sie daran – alles, was Sie kostenlos anbieten, können Sie auch als Rabatt anbieten. Gratisartikel und Rabatte beeinflussen beide unsere Entscheidungen. Deshalb sollten wir *beides* machen, um von beiden Vorteilen zu profitieren.

Wenn ich Fortsetzungsangebote mache, bekomme ich mehr Leute dazu, *anzufangen*, indem ich mehr coole Sachen hinzufüge (Boni) und weniger coole Sachen weglasse (Rabatte). Und natürlich funktioniert das Ganze besser mit einem Hauch von Dringlichkeit – wenn Interessenten *jetzt* mitmachen. Sie können den Bonus auch als Einzelkauf anbieten oder ihn *nur* verfügbar machen, wenn Kunden Ihr Fortsetzungsangebot kaufen. Beides funktioniert.

Für sich allein genommen bringen Fortsetzungsangebote jetzt unmittelbar weniger Geld ein, was es schwierig macht, Kunden profitabel zu gewinnen. Aber so wie ich sie nutze, können wir trotzdem unsere 30-Tage-Gewinnziele erreichen. Und so geht's: Zuerst mache ich alle meine lukrativen Attraktions-, Upsell- und Downsell-Angebote. Dann bringen die Fortsetzungsangebote ein wenig Geld aus den Zahlungen des ersten Monats ein. Anschließend biete ich den Kunden, die einen Monat gekauft haben, einen Rabatt auf die Vorauszahlung weiterer Monate an. Das steigert den 30-Tage-Gewinn weiter, verschafft mir mehr Geld für Werbung *und* sorgt für wiederkehrende Einnahmen. Nicht schlecht.

Beispiele, wie man Leute dazu bringt, mit einem Abonnement oder einem anderen Fortsetzungsangebot anzufangen

Physisches Produkt: Fortsetzungsangebot für Tierfutter

Einmaliger Bonus: Erhalte alle Hundespielzeuge, die wir je hergestellt haben, im Wert von 800 Dollar kostenlos, wenn du dich für monatliche Hundefutterlieferungen für 59 Dollar pro Monat anmeldest.

Monatliche Boni: Als Mitglied bekommst du jeden Monat ein neues Hundespielzeug.

Dienstleistung: Kurzzeit-Beschleuniger-Angebot

Einmaliger Bonus: Der Kurzzeit-Beschleuniger kostet normalerweise 1.000 Dollar. Wenn Sie Mitglied werden, bekommen Sie ihn für nur 100 Dollar pro Monat dazu.

Bonuspaket: VIP-Community-Mitglieder genießen Vorrang bei unseren Veranstaltungen, längere Supportzeiten, bessere Supportmitarbeiter usw.

Angebot für digitale Produkte

Einmaliger Bonus: Holen Sie sich alle meine bisherigen 40 Newsletter im Wert von 15.880 Dollar, indem Sie heute für nur 399 Dollar/Monat nach einer 30-tägigen kostenlosen Testphase Mitglied werden.

Lebenslanger Rabatt + lebenslange Boni: Wenn Sie heute bezahlen, können Sie sich einen lebenslangen Rabatt von 299 Dollar pro Monat sichern. Sie bekommen frühzeitig digitalen Zugriff *und* jeden Monat eine gedruckte Ausgabe.

Hinweis: Nutzen Sie die Elemente aus dem Kapitel „Feature-Downsells", um bessere Boni zu erstellen.

Wichtige Hinweise

Betonen Sie den Bonus, nicht die Mitgliedschaft. „Werden Sie Mitglied in meinem Programm" ist nicht annähernd so überzeugend wie „Holen Sie sich kostenlos dieses wertvolle Produkt". Also machen Sie damit Werbung. Erklären Sie den Rest, wenn Interesse besteht.

Boni funktionieren ähnlich wie Upsells.

Mehr vom Gleichen: Als Mitglied bekommen Sie zwei Jahre lang alle bisherigen Newsletter kostenlos.

Kostenlos dazu: Wenn Sie sich für unsere Fitness-Mitgliedschaft anmelden, bekommen Sie einen kostenlosen Ernährungsratgeber dazu.

Upgrade: Beim Kauf einer Bronze-Mitgliedschaft bekommen Sie eine kostenlose Gold-Mitgliedschaft (begrenzt verfügbar).

Sorgen Sie dafür, dass Ihre Boni im Zusammenhang mit Ihrem Kernangebot bleiben. Wenn der Bonus zu unterschiedlich ist, *ziehen Sie die falschen Kunden an.* Bewerben Sie zum Beispiel kein kostenloses T-Shirt, um Tech-Services zu verkaufen. Aber ein kostenloses T-Shirt zu bewerben, um T-Shirt-Druck zu verkaufen, macht Sinn.

Machen Sie Boni aus Dingen, über die Sie <u>schon</u> verfügen. Zum Beispiel haben die Newsletter der letzten zwei Jahre keine zusätzliche Zeit gekostet, sind aber super wertvoll. Und die Einarbeitung ist etwas, das Sie sowieso mit den Kunden machen müssen, also können Sie genauso gut einen Preis dafür festlegen und es ihnen als Bonus geben. Wenn Sie der Sache einen Wert zusprechen, werden Ihre Kunden es auch tun.

Physische Boni für digitale Produkte und digitale Boni für physische Produkte. Wenn ich eine digitale Mitgliedschaft habe, könnte ich eine Mütze, ein T-Shirt oder ein Werkzeug usw. anbieten, das mit dem Angebot zu tun hat. Wenn ich ein physisches Produkt oder eine Dienstleistung anbiete, wie zum Beispiel eine Mitgliedschaft in einem Boxstudio, kann ich mit Livestream-Kursen mehr Leute dazu bringen, sich anzumelden. Diese Strategie senkt oft die Kosten für die Kundengewinnung mehr als die Kosten für den Bonus.

Sie können Gratis-Boni als Rabatte anbieten und Rabatte als Gratis-Boni.

Gratis-Bonus: Werden Sie Mitglied für 200 Dollar und Sie bekommen dieses 1.000 Dollar-Programm als Gratis-Bonus!

Hoher Rabatt: Holen Sie sich das 1.000 Dollar-Programm für nur 1 Dollar, wenn Sie für 200 Dollar Mitglied werden.

Wenn Sie Ihr Fortsetzungsangebot machen, verankern Sie die Boni. Verkaufen Sie den Kunden zuerst die Vorteile des tollen Bonus. Nicht Ihr Fortsetzungsangebot – den Bonus. <u>Nutzen Sie</u> dann <u>Ihren hochwertigen Bonus als Anker.</u> Das kann die Kunden vielleicht schockieren – und *das ist in Ordnung.* Denn dann fragen Sie: „Möchten Sie wissen, wie Sie das kostenlos bekommen können?" Wenn sie das wollen, was sie sicher werden, erklären Sie ihnen, wie: *„Werden Sie noch heute VIP-Mitglied und Sie bekommen alles als Gratisgeschenk für Ihre Anmeldung. Oder Sie können es einfach für XXX Dollar kaufen – was würden Sie bevorzugen?"*

Mehr Boni bringen mehr Leute dazu, mitzumachen/sich für eine Mitgliedschaft anzumelden. Nachdem Sie die Kunden gefragt haben, ob sie wissen wollen, wie sie das kostenlos bekommen können, sagen Sie ihnen, dass sie es bekommen, wenn sie Mitglied werden. <u>Dann sagen Sie</u>: *„Außerdem ... wenn Sie Mitglied werden, bekommen Sie ... tolle Sache 1, tolle Sache 2, tolle Sache 3." Nennen Sie den jeweiligen Dollarwert jeder einzelnen*

Sache, um den Wert zu verankern. Wenn Sie die Boni so stapeln, bekommen Sie noch mehr Leute dazu, sich für Ihr Fortsetzungsangebot anzumelden.

Boni nur bei Annahme des Fortsetzungsangebots. Wenn Sie alle dazu bringen wollen, sich für das Fortsetzungsangebot zu entscheiden, dann bieten Sie ihnen nur die Option des Fortsetzungsangebots an. Mit anderen Worten: Machen Sie die Boni *nur verfügbar,* wenn Kunden sich für das Fortsetzungsangebot anmelden.

Preisgestaltung für **fortlaufende Zahlungen vs. sofortige Einmalzahlung.** Aus irgendeinem Grund entscheiden sich manche Leute für einmalige Zahlungen statt für fortlaufende Zahlungen ... *selbst wenn die einmaligen Zahlungen höher sind.* Bieten Sie also eine Option mit einer höheren einmaligen Zahlung an. So verdienen Sie mit einigen Kunden *heute* mehr Geld, während andere wiederkehrende Einnahmen für *morgen* generieren. *Je niedriger der Preis für das Einzelangebot im Vergleich zum Preis für die fortlaufende Zahlung ist, desto mehr Leute kaufen das Einzelprodukt. Je höher der Preis für das Einzelangebot im Vergleich zum Preis für die fortlaufende Zahlung ist, desto mehr Leute entscheiden sich für die fortlaufende Zahlung.*

Wenn Sie noch mehr Geld verdienen wollen, bieten Sie Rabatte für größere Vorauszahlungen an. Mit solchen Rabatten können Sie die 30-Tage-Gewinne so richtig steigern. Nehmen wir an, Sie bieten „fünf Monate kaufen, einer gratis" an. Nur *einer von acht Kunden* muss das Upsell-Angebot annehmen, um den 30-Tage-Gewinn um 50 % zu steigern!

Wenn Sie Verpflichtungen wollen. Sie können den Bonus mit einer Verpflichtung verbinden. Geben Sie Kunden zum Beispiel nur dann den Bonus, wenn sie sich für 3, 6 oder 12 Monate oder länger anmelden <u>und</u> verpflichten. Auf diese Weise werden Sie mehr Leute dazu bewegen, sich zu verpflichten, aber weniger werden das Angebot annehmen – zumindest im Vergleich dazu, wenn Sie es allen anbieten. Halten Sie es am Anfang unkompliziert. Bieten Sie einfach Einzelboni und monatliche Abonnements an.

Übung Nr. 20: Erstellen Sie Ihren Fortsetzungs-Bonus

1. Schreiben Sie den Preis für Ihr „einmaliges Programm" auf (das Sie als kostenlosen Bonus geben): _________________ Dollar

    a. Bonus-Komponente Nr. 1 (*mehr*): _________________

    b. Bonus-Komponente Nr. 2 (*besser*): _________________

    c. Bonus-Komponente Nr. 3 (*anders*): _________________

    d. Bonuskomponente Nr. 4: _________________

    e. Garantie: _________________

2. Schreiben Sie Ihren Preis für die Fortsetzung auf (sollte ⅓ bis ☒ des Bonuspreises betragen: _________________ Dollar

    a. Exklusiver Mitgliederbonus Nr. 1: _________________

    b. Exklusiver Mitgliederbonus Nr. 2: _________________

    c. Exklusiver Mitgliederbonus Nr. 3: _________________

3. Schreiben Sie Ihren im Voraus bezahlten jährlichen Preis für die Fortsetzung auf (10-facher Monatsbetrag aus obenstehender Aufstellung): _________________ Dollar

    a. Ein großer Bonus, den Kunden für die Vorauszahlung erhalten: _________________

Fortsetzungsangebote mit Rabatt

Wenn Sie sich heute anmelden, bekommen Sie X Zeit gratis.

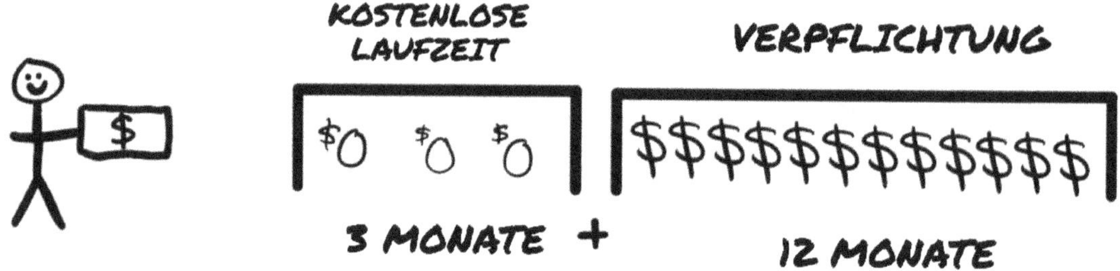

Frühjahr 2018.

Als ich mich in einer neuen Nachbarschaft einlebte, traf ich einen Nachbarn, der sich als erfolgreicher Geschäftsmann in einer unerwarteten Branche herausstellte: Müll. Er verriet mir das Geheimnis seines Erfolgs: Er bot großen Wohnanlagen ein Jahr lang kostenlosen Service im Austausch für Fünfjahresverträge an. Das Angebot überzeugte Großkunden, die er von der Konkurrenz abwerben konnte, und verschaffte ihm auf günstige Weise neue Kunden. Obwohl er im ersten Jahr aufgrund der kostenlosen Arbeit, die er vorstreckte, Geld verlor, zahlte sich sein Risiko aus. Am Ende baute er das Unternehmen aus und verkaufte es für Millionen.

Beschreibung

Bei einem einmaligen Folgerabatt geben Sie Produkte oder Dienstleistungen kostenlos ab, wenn der Kunde sich verpflichtet, *im Laufe der Zeit* weitere Produkte und Dienstleistungen zu kaufen. Das kann viele potenzielle Kunden anziehen und ist ein einfacher Verkauf, den jeder abschließen kann.

Wenn Sie sich umschauen, werden Sie dieses Angebot in vielen verschiedenen Branchen finden. Es funktioniert. Denken Sie zum Beispiel an das Internet, Poolreinigung, Fitnessstudio-Mitgliedschaften, Gartenarbeit und alles, was man mieten kann.

Sie können das in jedem Geschäft umsetzen, solange Sie sich über zwei Dinge im Klaren sind. Erstens: wie Sie den Rabatt anwenden – ich mache das auf vier Arten. Und zweitens: Ihre Stornierungs-/Kündigungsbedingungen – denn nicht jeder hält sich immer an seine Zusagen.

Ich gewähre Rabatte auf <u>vier</u> Arten: im Voraus, am Ende, gleichmäßig über die Zeit verteilt oder nach dem ersten oder zweiten Monat.

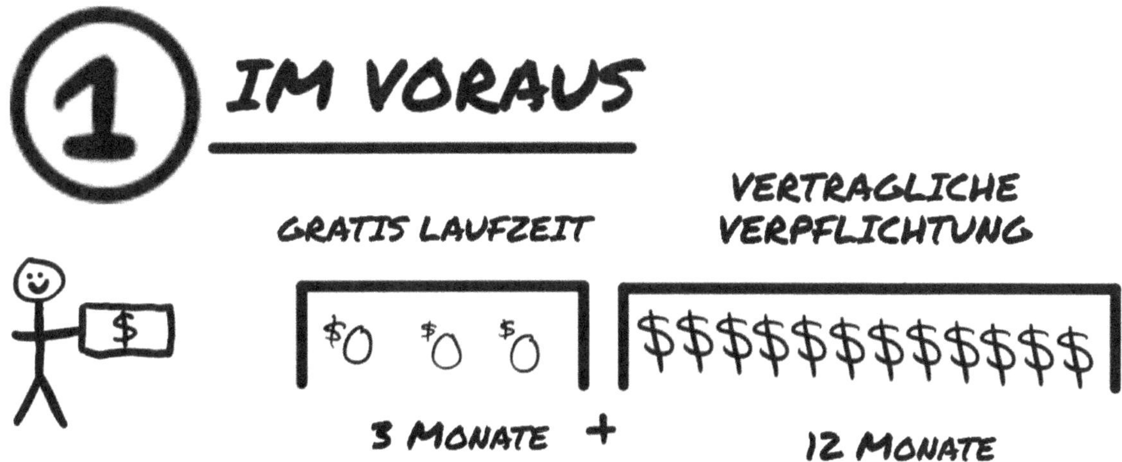

<u>Im Voraus.</u> Sie gewähren den Rabatt gleich zu Beginn und verschieben die Laufzeit. Das heißt, die „offizielle" Zeit beginnt erst, nachdem die kostenlose Zeit abgelaufen ist. Das funktioniert am besten in Branchen, die Verträge gut durchsetzen können (Handys, Lagerung, Immobilien, Ausrüstung oder alles, was mit Sicherheiten verbunden ist). Zwei Hinweise: Erstens: Wenn Sie in der Vergangenheit eine hohe Abwanderungsrate hatten, dann lassen Sie diesen Punkt aus und ziehen Sie die anderen in Betracht. Zweitens: Diese Methode bringt <u>keine</u> profitable Kundengewinnung. Es bringt zwar Kunden, verzögert aber den Zahlungseingang. Wenn Sie also profitablere Optionen suchen, lesen Sie weiter.

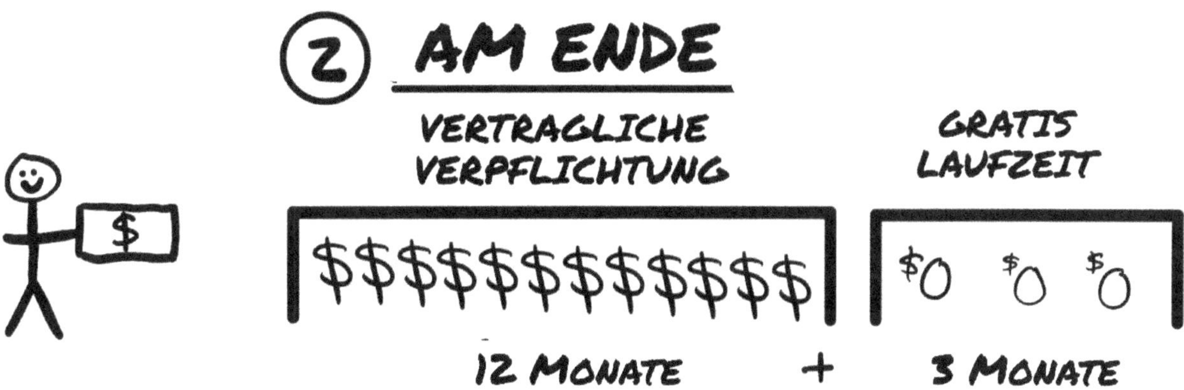

<u>Am Ende.</u> Sie können den ganzen Rabatt am Ende nutzen und die Laufzeit verlängern. Wenn alle Zahlungen *pünktlich* erfolgen, gibt es eine Bonuszeit im Wert des Rabatts. Die Kunden *verdienen* sich ihre kostenlose Zeit.

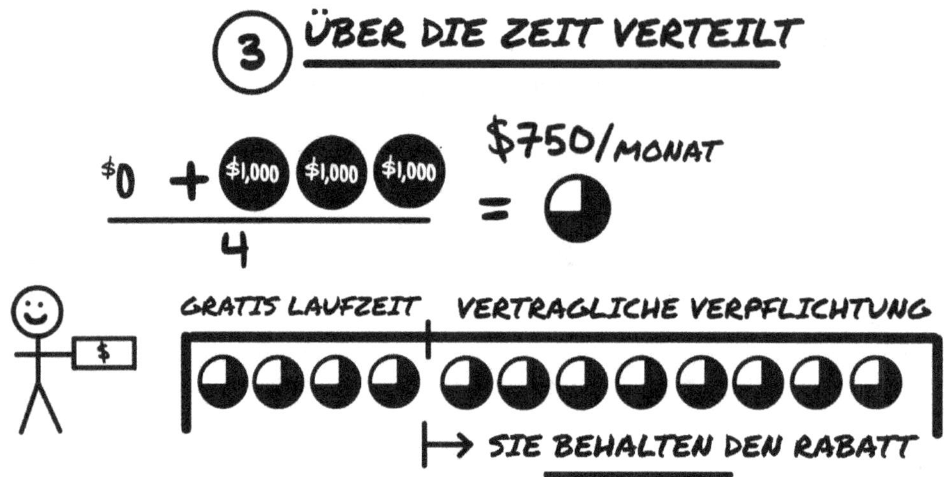

Über die Zeit verteilt. Wenden Sie den Rabatt über die gesamte Laufzeit an. Angenommen, Sie gewähren drei Monate gratis bei einer einjährigen Verpflichtung. Bei 200 Dollar pro Monat haben Sie 600 Dollar rabattiert. Durch die Verteilung dieser 600 Dollar über 12 Monate bekommen Kunden einen Rabatt von 600 Dollar/12 Monate = 50 Dollar Rabatt *pro Monat*. Sie können ihnen auch sagen, dass sie den Rabatt nach Ablauf der Laufzeit behalten können, wenn sie alle Zahlungen pünktlich leisten.

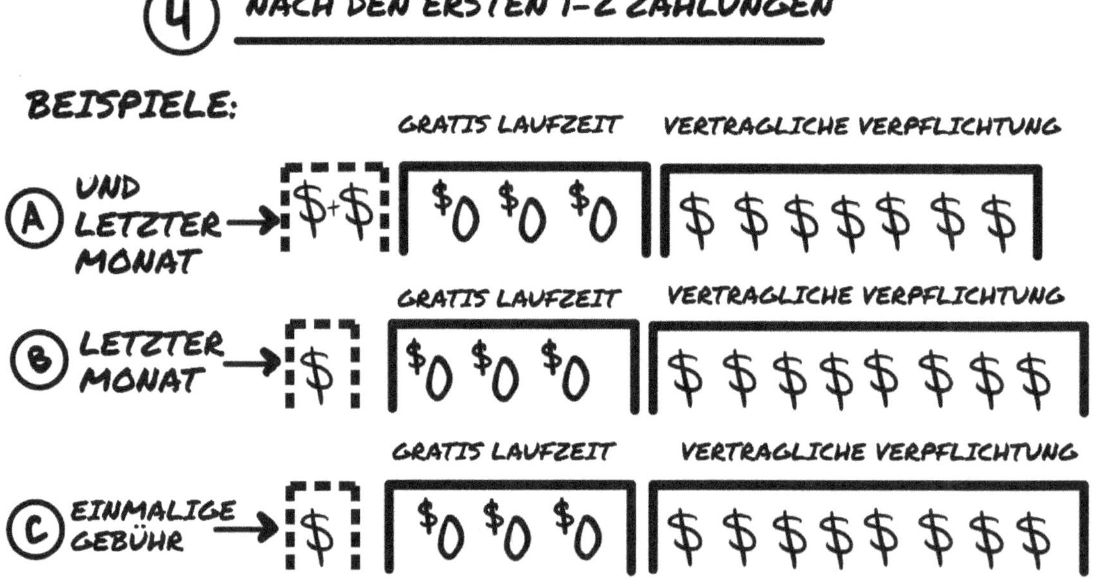

Nach den ersten ein oder zwei Zahlungen. Die Kunden leisten einige Zahlungen und bekommen dann ihren einmaligen Rabatt. So sammeln Sie ein bisschen Geld, um Werbung und einige Versandkosten zu decken. Ich ziehe es vor, das Angebot als *„erster und letzter Monat"*, *„letzter Monat im Voraus"* zu präsentieren oder eine Art *Aktivierungsgebühr* hinzuzufügen, bevor der Bonuswert gewährt wird. So stellen Sie auch sicher, dass der Kunde eine gültige Zahlungsmethode verwendet – ein kleines, aber wichtiges Detail, wenn Sie ein Unternehmen führen.

KÜNDIGUNGEN

Sie sollten Ihre Kündigungsbedingungen im Voraus festlegen. Es gibt viele gängige Bedingungen. 30 oder 60 Tage Vorankündigung. Stornierungsgebühren. Jederzeit stornierbar. Etc. Da alle meine Kunden meine Fortsetzungsangebote mit einem Rabatt bekommen, ist das hier meine Lieblingsoption:

Machen Sie die Stornogebühr einfach *so hoch wie den Rabatt, den Kunden bekommen haben*. Wenn sie also durch ihre Zusage 600 Dollar Rabatt bekommen haben, können sie jederzeit 600 Dollar zahlen, wenn sie stornieren möchten. Das ist ganz einfach zu erklären.

Stellen Sie sicher, dass Kunden wissen, wie sie kündigen können. Geben Sie Ihnen eine klare Möglichkeit, Sie zu kontaktieren, dann haben Sie eine echte Chance, sie zu halten.

Wenn ein Kunde kündigen will, fragen Sie ihn, ob er ein Abschlussgespräch haben möchte. Ich könnte sagen: „Ich erlasse Ihnen die Kündigungsgebühr, wenn Sie vorbeikommen und mir sagen, was ich besser machen könnte." Das gibt den Kunden einen *echten* Grund, Feedback zu geben. Dann kann ich ihr Feedback nutzen, um das Problem zu beheben – oder ihnen etwas anbieten, das besser zu ihnen passt. Zumindest werden sie etwas Positives über das Unternehmen zu sagen haben, wenn ich mich tatsächlich bemühe, das Problem zu lösen. Ich kann regelmäßig ein Drittel der Kunden, die einem Abschlussgespräch zustimmen, halten.

Wichtige Hinweise

**** Hinweis: Höchster Wert pro Wort in diesem Buch **** Überspringen Sie diesen Abschnitt, wenn Sie Geld hassen. Rechnen Sie in *Wochen- statt in Monatsabschnitten* ab (alle 4 Wochen, alle 12 Wochen usw.). Hier ist der Grund dafür: Ein Jahr hat 12 Monate, aber 13 Vier-Wochen-Zyklen. *Das ist ein Unterschied von 8,3 %.*

„Fressen" Sie nicht die Laufzeit mit Rabatten auf, sondern verlängern Sie sie lieber! Nehmen wir einmal an, Sie bieten drei Monate gratis, wenn jemand sich für ein Jahr anmeldet. Das könnte bedeuten, dass er neun Monate bezahlt und dann drei gratis bekommt (insgesamt 12 Monate). Oder es könnte bedeuten, dass er 12 Monate bezahlt und drei gratis bekommt (insgesamt 15 Monate). Ich finde es besser, erst einmal die Laufzeit zu verlängern. Dann kann ich eine kürzere Laufzeit als Downsell anbieten.

Holen Sie sich 3 % mehr Umsatz mit fünf zusätzlichen Wörtern. „Ja, es kostet X Dollar *zuzüglich einer Bearbeitungsgebühr von 3 %.*" In meinem ganzen Leben hat noch nie jemand wegen einer Bearbeitungsgebühr auf einen Kauf verzichtet. Aber 3 % mehr Umsatz *ohne zusätzlichen Aufwand* bedeuten direkt mehr Gewinn. Wenn Sie ein Unternehmen mit 10 % Gewinn haben und 3 % hinzufügen, haben Sie gerade 30 % mehr Gewinn gemacht. Das lohnt sich. Und das funktioniert besonders gut, wenn Sie außerdem ...

Zwei Zahlungsarten bekommen. Unternehmen mit wiederkehrenden Zahlungen verlieren wirklich viel Geld wegen Problemen bei der Zahlungsabwicklung. Zum einen gibt es Kunden, die zwar nicht kündigen, aber deren Zahlungsdaten sich ändern oder ablaufen. Zum anderen kann es vorkommen, dass Kunden ihr Kartenlimit erreichen oder nicht genug Geld auf der Karte haben. Wir lösen beide Probleme mit derselben Lösung. Ich frage Kunden, ob sie die 3 % Bearbeitungsgebühr sparen möchten, indem sie uns eine zweite Zahlungsart angeben.

Probieren Sie es einmal mit einem lebenslangen Rabatt zu dem Zeitpunkt, an dem Ihre Kunden am häufigsten abwandern. Sie machen Werbung für den lebenslangen Rabatt. Aber Sie lassen Ihre Kunden ihn *sich verdienen*. Sie bekommen einen günstigeren Tarif, *wenn* sie länger als X Monate bleiben. Legen Sie X auf den Monat fest, in dem Ihre Kunden im Durchschnitt abwandern.

Beispiel aus der Praxis: Ich habe mal gesehen, wie eine Firma (wirklich viel) Reis verkauft hat. Sie hatte drei Preisoptionen: einen einmaligen Preis, 5 % Rabatt bei einem *Abonnement* und 15 % Rabatt, *wenn man fünf Monate lang dabei bleibt*. Dann hat man den niedrigeren Preis für immer bekommen. Ich bin mir sicher, dass sie genau wussten, dass das gerade so viel war, dass die meisten Leute nicht kündigten.

Übung Nr. 21: Erstellen Sie Ihr Fortsetzungsangebot mit Rabatt

1. Wie viel Zeit oder wie viel Produkt Sie kostenlos verschenken möchten:

   ____

2. Wählen Sie aus, wann Sie es verschenken möchten (kreisen Sie eine Option ein):

   a. Im Voraus

   b. Im Laufe der Zeit

   c. Am Ende

   d. Nach den ersten paar Zahlungen

3. Legen Sie die Laufzeit fest: _______________________________

a. Formulieren Sie es so: *„Wenn Sie sich für [Laufzeit] Monate entscheiden, bekommen Sie [kostenlose Zeit/Rabattstruktur]. Das ist ein Gesamtwert von _______________ Dollar für nur _______________ Dollar pro Monat. Soll ich das für Sie festhalten?"*

4. Entscheiden Sie sich, ob/wann Sie einen lebenslangen Rabatt gewähren möchten (nach dem oben erwähnten Abwanderungs-Punkt):

____

5. Erstellen Sie die Kündigungsbedingungen:

a. Fügen Sie den Kündigungsbedingungen ein Abschlussgespräch hinzu (J / N) + Fügen Sie einen Anreiz für die Teilnahme an der Befragung hinzu

____

b. Fügen Sie eine Stornierungsgebühr in Höhe des gewährten Rabatts hinzu, wenn der Vertrag gebrochen wird (J / N)

c. Formulieren Sie es so: *„Um den Rabatt zu gewähren, bitten wir um eine Kündigungsfrist von [X Tagen] oder die Option, die Differenz zu zahlen, wenn vorzeitig gekündigt wird. So bleibt alles fair. Klingt das gut?"*

GRATIS-GESCHENK: Schulung zu Fortsetzungsangeboten mit Rabatten

Genau wie Boni sind auch Rabatte nur durch Ihre Kreativität begrenzt. In diesem Kapitel habe ich Ihnen die Grundlagen gezeigt. Außerdem habe ich ein Video mit ein paar kreativen Ideen zusammengestellt, die ich schon gesehen habe. Wie immer können Sie es sich kostenlos unter acquisition.com/training/money ansehen. Oder scannen Sie einfach den QR-Code. Viel Spaß dabei!

Angebote mit Gebührenerlass

Sie können sich entweder von Monat zu Monat mit einer Einrichtungsgebühr anmelden – oder ich verzichte auf diese Gebühr, wenn Sie sich für ein Jahr festlegen.

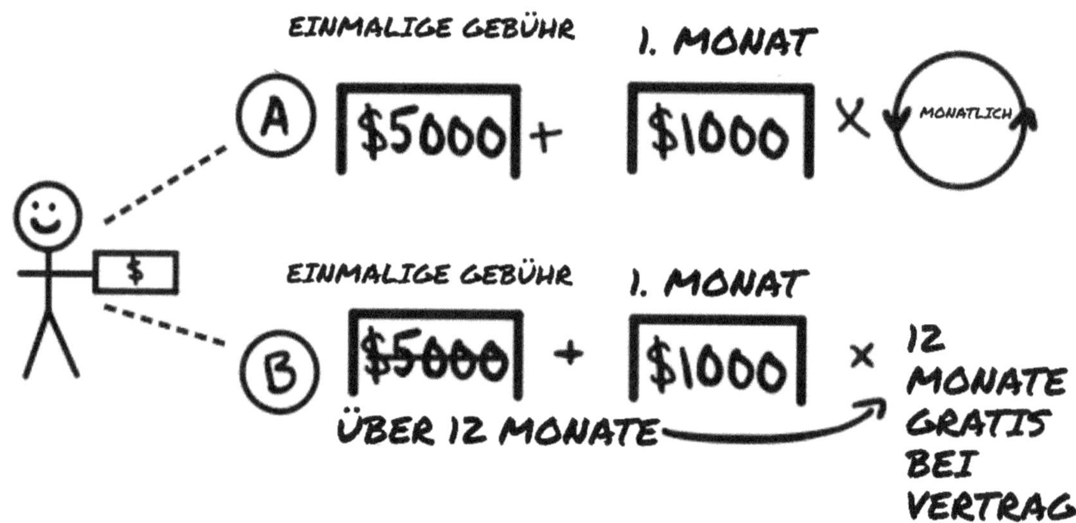

Januar 2021.

Ich traf mich mit einem Verkäufer von hochpreisigen Produkten, der höhere Abschlussquoten und eine geringere Abwanderungsrate hatte als ich. Also fragte ich ihn, wie er das geschafft hatte. Hier ist seine Antwort: Er bot seinen Kunden zwei Optionen an: einen Monatsplan mit einer hohen Einrichtungsgebühr oder einen Jahresvertrag ohne Einrichtungsgebühr. Durch den Verzicht auf die hohe Einrichtungsgebühr entschieden sich die Kunden für den Jahresplan, um Geld zu sparen, während eine vorzeitige Kündigung unattraktiver wurde. Es war der heilige Gral mit höheren Umsatzraten und einem höheren Kundenertragswert.

Beschreibung

So funktionieren Angebote mit Gebührenerlass: Zuerst fordern Sie den Kunden auf, eine Start- bzw. Einrichtungsgebühr als Teil der Teilnahme an einem monatlichen Programm zu zahlen. Normalerweise nehme ich das 3- bis 5-fache meines monatlichen Preises. Dann bieten Sie an, die *gesamte* Gebühr zu erlassen, *wenn* er sich länger bindet. Wenn er aber während der Laufzeit kündigt, zahlt er die Gebühr.

Kunden können wählen, ob sie eine hohe Gebühr zahlen und sich die Option offenhalten wollen, jederzeit zu kündigen, oder ob sie sich für 12 Monate festlegen und ihnen die Gebühr erlassen wird. Viele werden sich verpflichten, um die hohe Gebühr zu vermeiden.

Wir gehen ein größeres Risiko ein, wenn sie monatlich zahlen. Aber *sie* gehen ein größeres Risiko ein, wenn sie sich festlegen. Wenn ein Kunde sich für eine monatliche Zahlung entscheidet, senken wir unser Risiko durch die Start- und Einrichtungsgebühr. Aber wir senken ihr Risiko von Jahr zu Jahr, indem wir diese Gebühren erlassen. Und wenn sie sich festlegen und vorzeitig kündigen möchten, ist das in Ordnung. Sie zahlen dann so, als hätten sie sich von Anfang an für eine monatliche Zahlung entschieden. Ganz einfach.

<u>Fazit</u>: Kunden bleiben länger, wenn das Kündigen mehr kostet als das Bleiben.

Beispiel

Da sich das Angebot mehr auf die Preisgestaltung konzentriert, sieht es in allen Fortsetzungsgeschäften gleich aus. Das folgende Beispiel zeigt Ihnen anhand der Geschichte, wie das Ganze funktioniert.

<u>Gebührenerlass bei vertraglicher Verpflichtung</u>.

    1) Vertragslaufzeit – 12 Monate

    2) Monatlicher Betrag – 1.000 Dollar pro Monat

    3) Gebühr – 5.000 Dollar *bei monatlicher Zahlung*

<u>Option A</u>: Einmalige Gebühr von 5.000 Dollar *plus* 1.000 Dollar für den ersten Monat. Danach 1.000 Dollar pro Monat. Man kann jederzeit kündigen.

<u>Option B</u>: Die 5.000 Dollar fallen weg, wenn Kunden sich für 12 Monate festlegen. Sie zahlen dann 1.000 Dollar pro Monat. Die 5.000 Dollar sind nur fällig, wenn man vorzeitig kündigt.

Wichtige Hinweise

Gebühren bringen Kunden dazu, anzufangen. Leute profitieren davon, sich sofort zu verpflichten, weil sie so eine Gebühr sparen. Leute wollen Gebühren vermeiden. Also melden sich mehr Leute für die Kontinuität an.

Gebühren bringen Kunden dazu, dabeizubleiben. Die Leute bleiben aus dem gleichen Grund dabei, aus dem sie angefangen haben. Indem sie dabei bleiben, *vermeiden sie die Gebühr.* Leute kündigen aus Millionen von Gründen. Aber wenn sie eine zusätzliche und höhere Gebühr zahlen müssen, *um* zu kündigen, verliert ihr ursprünglicher Grund zum Kündigen im Vergleich zum Wert der vermiedenen Gebühr sofort an Bedeutung. Wenn also die Kosten für das Kündigen höher sind als die Kosten für das Bleiben, bleiben sie wahrscheinlich dabei.

Die Gebühr erklären. Erklären Sie die Gebühr, indem Sie die Kosten für die Aufnahme neuer Kunden für langfristige Programme erläutern. Im Grunde gilt: Wenn Kunden kurzfristige Flexibilität wollen, *zahlen sie ihre eigenen Einrichtungskosten.* Wenn sie sich aber langfristig festlegen, übernehmen wir *die Einrichtungskosten* für sie. Falls jemand nach weiteren Gründen fragt, sagen Sie einfach: *„Es kostet uns Geld, Sie einzurichten. Wenn Sie uns nur testen möchten, tragen Sie diese Kosten. Wenn Sie sich länger verpflichten, übernehmen wir sie. "*

Wenn mehr als 5 % der Leute vorzeitig kündigen wollen, sollten Sie sich das genauer ansehen. Preise *können* zwar zum Bleiben *motivieren*, aber sie können (und *sollten*) ein schlechtes Produkt *nicht* wettmachen.

Wenn Sie mehr Geld im Voraus haben wollen, berechnen Sie eine geringere Gebühr. Eine geringere Gebühr motiviert die Leute, sich für einen monatlichen Vertrag zu entscheiden. Eine höhere Gebühr motiviert sie, sich länger zu binden. Wenn Sie aber mehr Geld im Voraus brauchen, können Sie die Gebühr auf das 1,5- bis 3-fache des monatlichen Preises festlegen. Dann werden mehr Leute den Vertrag abschließen und Sie bekommen mehr Geld im Voraus.

Erlassen Sie die Gebühr, wenn der Kunde seine Verpflichtung erfüllt hat. Wenn jemand seine Verpflichtung komplett erfüllt hat und dann doch stornieren will, hat er sich die kostenlose Stornierung verdient.

Ich finde dieses Angebot für Verträge ab einem Jahr besser. Je länger der Vertrag läuft, desto besser funktioniert es. Das passt besonders gut zu Services, die Zeit brauchen, um zu wirken (SEO, Investitionen, Gewichtsabnahme usw.). Es hilft Leuten, dranzubleiben, wenn sie emotional werden.

Kündigungsgebühren für einen guten Zweck? Wenn Sie Ihre Kunden extra motivieren wollen, können Sie den Betrag für einen Zweck spenden, den sie *nicht gut* finden. Beispiel: „Was finden Sie total schrecklich? … *Super. Wenn Sie frühzeitig stornieren, spende ich Ihre Einrichtungsgebühr an diese Organisation.*" Das gibt Kunden *zwei* Gründe, zu bleiben. Erstens, weil sie das Geld nicht ausgeben wollen. Zweitens, weil sie nicht wollen, dass eine Organisation, die sie hassen, das Geld bekommt.

Übung Nr. 22: Erstellen Sie Ihr Angebot mit Gebührenerlass

Erstellen Sie unten Ihr Preismodell mit zwei Optionen.

- Monatlicher Preis: _____________ Dollar

- Erlassene Gebühr (*Anzustreben: 3–5-fache Monatsrate*): ___________ Dollar

- Vertragslaufzeit: _____________ Monate

Schreiben Sie jetzt beide Angebote auf:

Option A (monatlich):

Zahlen Sie ___________ Dollar Einrichtungsgebühr + ___________ Dollar pro Monat. *Kann jederzeit gekündigt werden.*

Option B (Vertrag):

Die Einrichtungsgebühr von _____________ Dollar entfällt, wenn Sie sich für _______ Monate festlegen. Sie zahlen ___________ Dollar pro Monat.

Vorzeitige Kündigung? Dann fällt eine Gebühr von _____________ Dollar an.

GRATIS-GESCHENK: Video-Schulung zum Thema „Gebührenerlass"

Gebührenerlass ist wirklich super effektiv. Ich kann es kaum erwarten, dass Sie es selbst ausprobieren und sich davon überzeugen. Damit Sie sich dabei sicher fühlen, habe ich ein Video gemacht, das Ihnen alles zeigt. Wie immer können Sie es sich kostenlos unter acquisition.com/training/money ansehen. Oder Sie scannen einfach den QR-Code. Viel Spaß!

Fortsetzungsangebote – Fazit

*Das Einzige, was besser ist, als jemanden zu einem einmaligen Kauf
zu bewegen, ist, ihn zu einem erneuten Kauf zu bewegen.*

Fortsetzungsangebote *bieten einen dauerhaften Mehrwert, für den Kunden so lange
zahlen, bis sie kündigen.* Viele Unternehmen nutzen Fortsetzungsangebote, um Kunden
zu geringeren Kosten zu gewinnen. Allerdings führt das zu einem Einbruch der 30-Tage-
Gewinne. Das macht profitable Werbung schwierig.

Ich nutze Fortsetzungsangebote anders. Ich mache sie *langlebig.* Ich starte mit
coolen Attraktions-Angeboten. Dann kommen meine Upsell- und Downsell-Angebote.
Und *dann* biete ich eine Fortsetzung an. Wenn die Leute das nehmen, verkaufe ich
ihnen eine größere Menge an Zeit oder Produkten mit einem Rabatt. Sobald sie ihren
Großeinkauf aufgebraucht haben, kommen sie automatisch in die Fortsetzung. So
verdiene ich noch mehr Geld *und* profitiere von den wiederkehrenden Einnahmen der
anderen Fortsetzungs-Kunden.

Fortsetzungsangebote funktionieren mit Belohnungen oder Strafen. Ich finde
Belohnungen besser. Und zwei der drei Fortsetzungsangebote, die ich erklärt habe, nutzen
sie. Aber es wird immer Situationen geben, in denen ein traditionellerer Vertrag sinnvoller
ist. In solchen Fällen mag ich Angebote mit Gebührenerlass.

Im nächsten Abschnitt erstellen wir unser 100-Millionen-Dollar-Geldmodell, indem
wir alle vier Angebotstypen kombinieren: Attraktions-Angebote, Upsell-Angebote,
Downsell-Angebote und Fortsetzungsangebote.

Übung Nr. 23: Wählen Sie Ihr Fortsetzungsangebot

Entscheiden Sie sich, welche Fortsetzungsangebote Sie für Ihr Unternehmen nutzen wollen:

a. Fortsetzungsangebote mit Boni

b. Fortsetzungsangebote mit Rabatten

c. Angebote mit Gebührenerlass

ABSCHNITT VI: ERSTELLEN SIE IHR GELDMODELL

Wie Sie Ihren gesamten Markt erobern

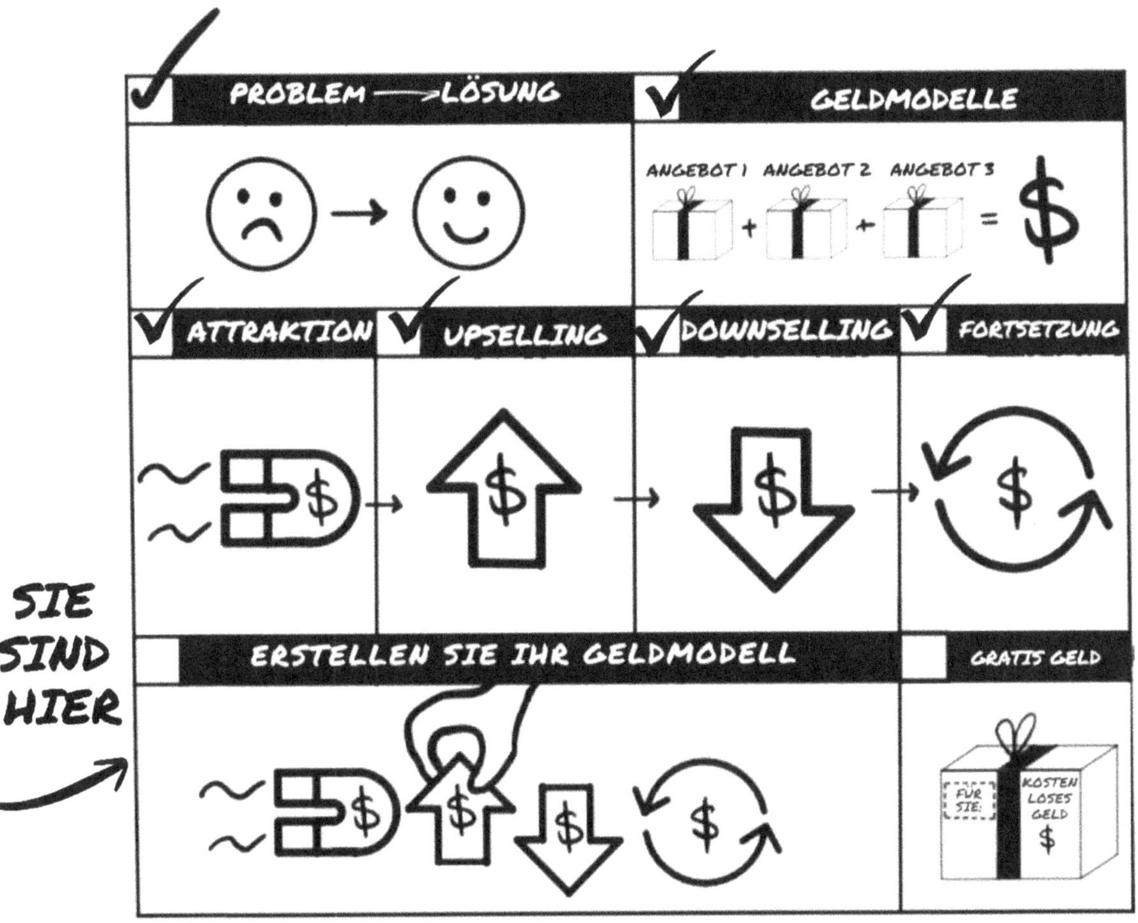

Rückblick auf die Entwicklung des 100-Millionen-Dollar-Geldmodells von Gym Launch.

Mein Gym Launch-Modell hat viele der Angebote in diesem Buch genutzt, um ein vollwertiges 100-Millionen-Dollar-Geldmodell zu entwickeln.

- Alles begann mit einem Lockangebot. Ich zog neue Kunden mit vielen kostenlosen Kursen, Büchern, Video-Schulungen, Live-Trainings und so weiter an – alles rund um das Thema „Wie baue ich ein Fitnessstudio auf?". Zu jedem kostenlosen Produkt gab es einen kostenlosen Anruf, um Fitnessstudio-Besitzern bei der Nutzung zu helfen. Bei dem Anruf bot ich Folgendes an:

- *Lockangebot:* Jetzt, wo Sie den Plan haben, können Sie ihn kostenlos selbst umsetzen.

Oder ...

- *Premium-Angebot:* Wir können Ihnen dabei helfen, all das für 16.000 Dollar über 16 Wochen umzusetzen. Wenn Kunden sich für das Premium-Angebot entschieden, bekamen sie einen Schatz an Strategien zum Geldverdienen. Strategien, für deren Entwicklung ich Jahre gebraucht hatte. Die Leute kauften wie verrückt.

Und schwupps, brachte mir mein Lockangebot innerhalb von drei Monaten 476.000 Dollar pro Monat ein. *Das ist kein Tippfehler.*

- Dann nutzte ich den klassische Upsell, um fortgeschrittene Handbücher und Services für 42.000 Dollar pro Jahr anzubieten.

- Und einen Bonus für die Fortsetzung in Form einer Community, in der man sich über Best Practices austauschen kann.

- Ich begann damit, jedem, der im Voraus bezahlte, einen satten *Rabatt* von *6.000 Dollar* anzubieten.

- Denjenigen, die das nicht taten, bot ich einen Zahlungsplan-Downsell an.

- Wenn sie Nein sagten, bot ich ihnen 10.000 Dollar Anzahlung und eine Ratenzahlung für den Rest an. Wenn sie erneut Nein sagten, nutzte ich einen Fortsetzungsrabatt, um die kostenlose Zeit so lange vorzuziehen, bis sie das erste Angebot bezahlt hatten. Dann kamen sie direkt in meinen Fortsetzungs-Upsell. Auf diese Weise blieben ihre Zahlungen kontinuierlich.

Und zack ... Die Kombination von klassischem Upsell + Fortsetzungsbonus + Zahlungsplan-Downsell + Fortsetzungsrabatt brachte mir ~1.500.000 Dollar pro Monat ein.

- Obwohl der Upsell- und Downsell-Prozess gut lief, *sagten einige Fitnessstudio-Besitzer immer noch Nein.* Ich entwickelte ein personalisierteres Menü-Upsell mit verschiedenen Servicelevels.

- Wenn die Kunden nicht das ganze Paket wollten, nutzte ich Feature-Downsells, um die beste Option für sie zu finden. Fast alle Kunden sind für irgendetwas davon dabei geblieben.

Und Wham!... Mit den Menü-Upsells und Feature-Downsells kam ich zu einem Monatsverdienst von 2.300.000 Dollar. Und das alles innerhalb von 14 Monaten.

- Dann starteten wir Prestige Labs und brachten es mit Gym Launch zusammen. Ein ganz anderes Geschäft mit seinem eigenen Geldmodell. Nach 20 Monaten verdienten wir 4.400.000 Dollar *pro Monat*. Das veränderte unser Leben. Und dafür brauchten wir *nur* *ein paar verdammt gute Produkte* und ein *100-Millionen-Dollar-Geldmodell*.

***

Beschreibung

Ein Geldmodell ist *eine durchdachte Abfolge von Angeboten*. Es geht darum, was Sie anbieten, wann Sie es anbieten und wie Sie es anbieten, um so schnell wie möglich so viel Geld wie möglich zu verdienen. Im Idealfall sollten Sie mit einem Kunden genug Geld verdienen, um *in weniger als 30 Tagen mindestens* zwei weitere Kunden zu gewinnen und zu bedienen. Es sieht selten übersichtlich aus, aber ich unterteile 100-Millionen-Dollar-Geldmodelle in drei Phasen:

Phase I: Geld verdienen – Attraktions-Angebote bringen mehr Kunden für weniger Geld

Phase II: Mehr Geld verdienen – Mit Upsell- und Downsell-Angeboten schneller mehr Geld verdienen

Phase III: Das Maximum herausholen – Mit Fortsetzungsangeboten den Gesamtumsatz maximieren

Meiner Erfahrung nach entwickeln sich Geldmodelle so:

- Zuerst gewinne ich zuverlässig Kunden, *dann*

- stelle ich sicher, dass sie zuverlässig bezahlen, *dann*

- stelle ich sicher, dass sie zuverlässig für andere Kunden bezahlen, *dann*

- fange ich an, den langfristigen Wert jedes Kunden zu maximieren, *und dann*

- gebe ich so viel Geld für Werbung aus, wie ich kann, um so viel Geld wie möglich zu verdienen.

 121

Meine Geldmodelle entwickeln sich so, weil ich dafür sorge, *dass jede Phase die nächste finanziert*. Wir verbessern jede Phase so lange, bis sie *zuverlässig* funktioniert. Das bedeutet auch finanzielle *und* operative Zuverlässigkeit.

Die Geldmodelle von Gym Launch

Phase I Attraktionsangebot: Lockangebot

Kostenloses Do-it-yourself-Lockangebot vs. Premium-Lizenzierung mit Komplettservice für 16.000 Dollar

Phase II Upsell-Angebot: Klassischer Upsell

Wenn Sie wissen, wie Sie Kunden bekommen, müssen Sie auch wissen, wie Sie sie behalten.

42.000 Dollar pro Jahr (36.000 Dollar bei Zahlung im Voraus) für erweiterte Business-Services

Phase II Downsell-Angebot: Zahlungsplan-Downsell

„Wippe"-Downsell: *Beginnen Sie mit einer Anzahlung von 10.000 Dollar und zahlen Sie den Rest über 52 Wochen.*

Endgültiges Zahlungsplanangebot: *800 Dollar pro Woche für 52 Wochen*

Phase III Fortsetzungsangebot: Menü- + Feature-Downsell

Komplettpaket: 800 Dollar pro Woche

Feature – Fertige Werbung: 300 Dollar pro Woche

Feature – Tägliches Training für Fitnessstudio-Verkäufe: 200 Dollar pro Woche

Feature – Monatliche Neuerscheinungen: 500 Dollar pro Woche

Feature – Original-Lizenzmaterialien mit technischem Support: 100 Dollar pro Woche

Minimalpaket: 100 Dollar pro Woche

Wenn Sie noch mehr Beispiele suchen, finden Sie diese im Hauptbuch.

Erstellen Sie Ihr eigenes Geldmodell

1) Schritt Beginnen Sie mit einem Attraktionsangebot. Das Ziel ist, Fremde zu Kunden zu machen und unsere Kosten zu decken. Überlegen Sie sich also, was Sie verkaufen wollen. Dann überlegen Sie sich, wie Sie es am besten präsentieren. Wählen Sie aus den fünf Attraktionsangeboten aus und machen Sie dann *Werbung dafür*. Wenn Sie Leads bekommen, die zu Kunden werden, sind Sie auf dem richtigen Weg. Es kann bis zu einem Jahr dauern, bis Sie herausgefunden haben, was am besten funktioniert. Wenn Sie mehr über Werbung erfahren möchten, schauen Sie sich unbedingt mein zweites Buch *100 Millionen Dollar Leads* an.

2) Schritt Wählen Sie ein Upsell-Angebot aus. Das Ziel ist es, innerhalb von 30 Tagen Gewinne zu erzielen, *die deutlich über* unseren Kosten für die Gewinnung eines neuen Kunden und die Lieferung Ihres Angebots liegen. Denken Sie daran: Sobald Sie ein Problem gelöst haben, taucht ein neues auf. Auch diese Probleme brauchen Lösungen. Die Probleme, die Ihr Attraktions-Angebot aufwirft, lösen Sie mit Upsell-Angeboten. Wählen Sie also das Upsell-Angebot, das am besten zu dem Problem passt, das Sie lösen, sowie zu Ihrer Lösungsstrategie. Machen Sie dann Ihr Angebot zu dem Zeitpunkt, an dem der Bedarf am größten ist.

3) Schritt Wählen Sie ein Downsell-Angebot aus. Das Ziel ist es, Kunden, die Ihr letztes Angebot abgelehnt haben, dazu zu bringen, ein anderes Angebot anzunehmen. Auf diese Weise verkaufen Sie an *viel mehr Leute*, als Sie es sonst tun würden – so erzielen Sie *mit derselben Anzahl von Leads* einen höheren Gesamtumsatz. Im Abschnitt „Downsell-Angebote" zeige ich Ihnen meine drei Favoriten.

4) Schritt Wählen Sie ein Fortsetzungsangebot aus. Das Ziel hier ist es, einen letzten Verkauf in unserem 30-Tage-Fenster zu machen und wiederkehrende Einnahmen zu erzielen. Daher versuche ich immer, *irgendwann* Kontinuität in mein Geschäft zu integrieren.

Manchmal ist der beste Zeitpunkt für Fortsetzungsangebote erst *nach* den ersten 30 Tagen – und das ist in Ordnung. *Es ist besser, das Angebot zum richtigen Zeitpunkt zu machen, als es zum falschen Zeitpunkt zu erzwingen.*

Wichtige Hinweise

Perfektionieren Sie ein Angebot nach dem anderen. Es ist verlockend, ein ganzes Geldmodell auf einmal umzusetzen. Tun Sie das nicht. Bleiben Sie bei Ihrer Phase. Wählen Sie ein Angebot aus. Probieren Sie es aus. Machen Sie so lange weiter, bis es zuverlässig funktioniert. Wenn es dann zuverlässig ist, machen Sie es so oft, bis es automatisch abläuft. *Dann* gehen Sie zur nächsten Phase über.

Erhöhen Sie den Preis schrittweise. Machen Sie neue Angebote zunächst günstig. Wenn Sie dann Zusagen bekommen, erhöhen Sie den Preis. Viele frühe Zusagen liefern Kundenfeedback und helfen Ihnen, das Produkt zu verbessern. Wenn das Angebot dann zuverlässig ist, fangen Sie an, den Preis zu erhöhen. Erhöhen Sie den Preis so lange, bis Sie die Absagen nicht mehr durch die zusätzlichen Einnahmen aus den Zusagen ausgleichen können.

Einfache Ideen skalieren. Ausgefallene Ideen scheitern. Holen Sie so viel wie möglich aus dem heraus, was Sie haben. Denken Sie daran: Es geht nicht darum, 100 Produkte anzubieten, sondern um 100 Möglichkeiten, Ihr Produkt anzubieten. Überlegen Sie sich mehr Möglichkeiten, dasselbe zu verkaufen, statt mehr Dinge zu verkaufen. *So wird ein Produkt zu vielen Angeboten.*

Machen Sie aus Attraktionsangeboten zum Reinschnuppern Fortsetzungsangebote mit automatischer Verlängerung. So bekommen Sie zwei zum Preis von einem. Wenn Sie zum Beispiel ein Angebot „6 Monate kaufen, 6 Monate gratis" machen, kann sich das nach 12 Monaten automatisch in ein monatliches Abonnement umwandeln. So haben Sie die Vorteile von Angeboten zum Reinschnuppern und von Fortsetzungsangeboten. Ein kleiner Tipp mit *großer* Wirkung.

Sie können Angebote nach Belieben kombinieren. Ich stelle die Angebote so vor, weil ich sie selbst so nutze. Aber wie Sie sich vielleicht erinnern, habe ich viele davon von Leuten gelernt, die sie anders eingesetzt haben als ich! Viele dieser Angebote können Sie überall einsetzen. Sie können Upsell-Taktiken in Ihrem Attraktions-Angebot verwenden. Sie können bei *jedem* Angebot einen Downsell-Prozess einrichten. Sie können ein Fortsetzungsangebot nutzen, um neue Kunden zu gewinnen. Es gibt keine Regeln. Sie können tun, was Sie wollen. Ich zeige Ihnen etwas auf eine bestimmte Art und Weise, *aber ich gehe davon aus, dass Sie es anders anwenden.* Beginnen Sie also mit der von mir vorgeschlagenen Methode. Wenn Sie dann besser werden, experimentieren Sie. So habe ich es gelernt. Und so werden Sie es auch lernen.

Übung Nr. 24: Erstellen Sie Ihr 100-Millionen-Dollar-Geldmodell

1. Wählen Sie Ihr Attraktionsangebot: _______________________

2. Wählen Sie Ihr Upsell-Angebot: _______________________

3. Wählen Sie Ihr(e) Downsell-Angebot(e): _______________________

4. Wählen Sie Ihr Fortsetzungsangebot: _______________________

5. Jetzt haben Sie die <u>endgültige</u> Version Ihres Geldmodells. Es kann Monate (manchmal sogar Jahre) dauern, bis Sie das komplett aufgebaut haben. Das ist okay. Aber jetzt wissen Sie, worauf Sie hinarbeiten.

Übung Nr. 25: Nennen Sie drei verschiedene Möglichkeiten, dasselbe Produkt zu verkaufen:

Schreiben Sie Ihr Produkt unten auf und überlegen Sie sich dann drei verschiedene Möglichkeiten, wie Sie es unter Verwendung der Konzepte des Geldmodells verpacken, bepreisen oder anbieten können.

Mein Produkt: _______________________

Angebotsart	Beschreibung
Attraktions-Angebot	_______________________
Upsell-Version	_______________________
Fortsetzungs-Version	_______________________

GRATIS-GESCHENK: Schritt-für-Schritt-Anleitung zum Erstellen Ihres eigenen Geldmodells

Puh. In diesem Kapitel geht es um eine Menge. Es ist wohl auch das wichtigste Kapitel des Buches. Damit Sie nicht stecken bleiben, habe ich ein Video erstellt, das Sie Schritt für Schritt durch diesen Prozess führt. Wie immer können Sie es kostenlos (ohne Anmeldung) unter acquisition.com/training/money ansehen. Oder Sie scannen den QR-Code.

Zehn Jahre in zehn Minuten

*Das Beste, was ein Mensch tun kann, ist, einem anderen
Menschen zu helfen, mehr zu wissen.* — **Charlie Munger**

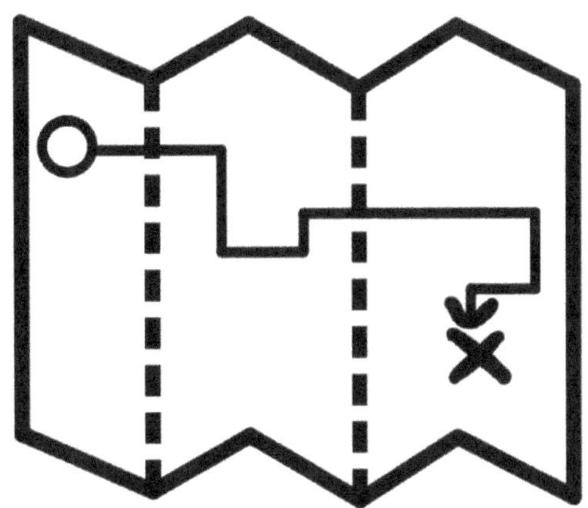

Wo Geldmodelle in den großen Plan passen

- Mein erstes Buch, *100 Millionen Dollar Angebote*, hat die Frage beantwortet: *Was soll ich verkaufen?* Antwort: Ein Angebot, das so gut ist, dass die Leute sich dumm fühlen, wenn sie es ablehnen.

- Mein zweites Buch, *100 Millionen Dollar Leads*, hat die nächste logische Frage beantwortet: *Wie finde ich diese Leute?* Antwort: Sie machen Werbung.

- Mein drittes Buch, *100 Millionen Dollar Geldmodelle*, beantwortet die nächste logische Frage: *Wie bringe ich sie dazu, mein Angebot zu kaufen?* Antwort: Mit einem Geldmodell.

- Und hoffentlich hat Ihnen dieses Arbeitsbuch dabei geholfen.

Was wir behandelt haben

Wir haben viel durchgenommen. Und ich denke, wenn wir das Gelernte an einem Ort zusammenfassen, kann man es besser behalten. Deshalb habe ich diese kurze Liste erstellt über das, was wir besprochen haben und warum.

1) Ein **Geldmodell** ist eine Reihe von Angeboten, die darauf abzielen, die Anzahl Ihrer Kunden, den Betrag, den sie bezahlen, und die Geschwindigkeit, mit der sie bezahlen, zu erhöhen.

2) **Ein gutes Geldmodell** *macht mit einem Kunden mehr Gewinn, als es kostet, ihn in den ersten 30 Tagen zu gewinnen und zu bedienen.* Das ist das absolute Minimum.

3) **Ein 100-Millionen-Dollar-Geldmodell** *macht mit einem Kunden mehr Gewinn, als es kostet, viele Kunden in den ersten 30 Tagen zu gewinnen und zu bedienen,* wodurch Geld als Hindernis für die Skalierung Ihres Unternehmens wegfällt.

4) Geldmodelle haben **vier Arten von Angeboten**: Attraktionsangebote, Upsell-Angebote, Downsell-Angebote und Fortsetzungsangebote.

5) **Attraktions-Angebote** gewinnen Kunden, indem man ihnen etwas umsonst oder mit einem Rabatt anbietet. Oft bringen sie auch Geld, indem sie ein *besseres Angebot* zu einem höheren Preis anbieten. Wir haben fünf davon behandelt.

   a) Geld zurück: *Sie* setzen dem Kunden ein Ziel *und* sagen ihm, wie er es erreichen kann. Wenn er es erreicht, hat er Anspruch darauf, sein Geld zurückzubekommen *oder* es als Gutschrift zurückzuerhalten.

   b) Werbegeschenke: Sie machen Werbung für die Chance, einen tollen Preis zu gewinnen, wenn jemand seine Kontaktdaten und alles andere angibt, was Sie erfragen. Nachdem Sie einen Gewinner ausgewählt haben, bieten Sie allen anderen den tollen Gewinn zu einem reduzierten Preis an.

   c) Lockangebote: Sie machen Werbung für ein kostenloses oder vergünstigtes Angebot. Wenn der Interessent mehr erfahren will, präsentieren Sie ihm *außerdem* ein noch wertvolleres Premium-Angebot. Das Premium-Angebot umfasst mehr Funktionen, Vorteile, Boni, Garantien und so weiter.

   d) X kaufen und Y gratis dazu bekommen: Sie geben Leuten etwas umsonst, wenn sie andere Dinge kaufen. Je mehr Gratis-Angebote und je besser diese sind, desto mehr kaufen die Leute.

   e) Jetzt weniger bezahlen oder später mehr bezahlen: Sie geben den Leuten die Wahl, später den vollen Preis zu bezahlen ODER jetzt einen reduzierten Preis zu bezahlen *und* zusätzliche Boni zu erhalten.

6) **Upsell-Angebote** sind alles, was Sie als Nächstes anbieten. Meistens sind das mehr, bessere oder neuere Versionen von dem, was Kunden gerade gekauft

haben. Damit können Sie schnell mehr Geld verdienen. Wir haben vier davon besprochen.

a) <u>Der klassische Upsell</u>: Sie bieten dem Kunden eine Lösung für sein nächstes Problem, sobald er sich dessen bewusst wird. *Sie können X nicht ohne Y haben!*

b) <u>Menü-Upsells</u>: Sie sagen den Kunden, welche Optionen sie nicht brauchen. Dann sagen Sie ihnen, was sie brauchen *und* wie sie davon profitieren können. *Das brauchen Sie nicht … Sie brauchen das hier.*

c) <u>Anker-Upsells</u>: Sie bieten zuerst Ihr teuerstes Produkt an. Wenn der Kunde zögert, bieten Sie eine viel günstigere, aber immer noch akzeptable Alternative an. *Keine Sorge. Wenn Ihnen X nicht wichtig ist, könnte das für Sie besser passen.*

d) <u>Rollover-Upsells</u>: Sie rechnen einen Teil oder den gesamten Wert der vorherigen Einkäufe eines Kunden auf Ihr nächstes Angebot an. *Da Sie bereits 500 Dollar ausgegeben haben, rechne ich Ihnen das einfach für ein ganzes Jahr an.*

7) **Downsell-Angebote** sind alles, was Sie anbieten, nachdem jemand Nein gesagt hat. Und indem Sie „Neins" in „Jas" verwandeln, verdienen Sie mehr Geld. Wir haben drei davon behandelt.

a) <u>Zahlungsplan- Downsells</u>: Sie bieten dasselbe Produkt zum gleichen Preis an, aber der Kunde zahlt einen Teil sofort und den Rest später. *Wann bekommen Sie Ihr Gehalt? Wie wäre es mit der Hälfte jetzt und der Hälfte später?*

b) <u>Testphase mit Strafgebühr</u>: Sie lassen den Kunden Ihr Produkt oder Ihre Dienstleistung kostenlos ausprobieren, *solange er Ihre Bedingungen erfüllt.* Wenn er das tut, ist die Wahrscheinlichkeit größer, dass er ein zahlender Kunde wird. Wenn nicht, muss er bezahlen. *Wenn Sie X, Y, Z machen, können Sie kostenlos anfangen.*

c) <u>Feature-Downsells</u>: Sie senken die Preise, indem Sie ändern, was der Kunde bekommt. Ich biete Alternativen mit geringerer Menge, geringerer Qualität oder aus günstigeren Materialien an oder lasse optionale Komponenten ganz weg. *Wenn Sie auf eine Garantie verzichten können, kann ich Ihnen 400 Dollar nachlassen.*

8) **Fortsetzungsangebote** bieten einen dauerhaften Mehrwert, für den Kunden regelmäßig bezahlen – bis sie kündigen. Diese Angebote steigern den Gewinn pro Kunde und bieten Ihnen eine letzte Verkaufsmöglichkeit. Wir haben drei davon vorgestellt.

    a) Fortsetzungsangebote mit Boni: Sie geben dem Kunden etwas Tolles, *wenn* er sich heute anmeldet. Normalerweise hat der Bonus selbst einen höheren Wert als die erste Folgezahlung. *Wenn Sie sich heute anmelden, bekommen Sie zusätzlich XYZ wertvolle Produkte.*

    b) Fortsetzungsangebote mit Rabatten: Sie geben dem Kunden jetzt oder später Laufzeit gratis, *wenn* er sich heute anmeldet.

    c) Angebote mit Gebührenerlass: Zuerst bittet man den Kunden, eine Startgebühr als Teil eines monatlichen Programms zu zahlen. Dann bietet man ihm an, die *gesamte* Gebühr zu erlassen, *wenn* er sich länger bindet. Wenn er innerhalb der Laufzeit kündigt, zahlt er die Gebühr.

9) Sie erstellen Geldmodelle **Schritt für Schritt**.

    a) Sobald ich zuverlässige Kunden habe, stelle ich sicher, dass sie zuverlässig bezahlen, *dann* stelle ich sicher, dass sie zuverlässig für andere Kunden bezahlen, *und dann* fange ich an, den langfristigen Wert jedes Kunden zu maximieren. *Dann* drucke ich so viel Geld, wie ich kann.

Fazit: Das Wissen in diesen Punkten hat mir mehr kostenlose *und* profitable Kunden gebracht, als ich überhaupt verwalten kann. Wenn Sie das umsetzen, wird es Ihnen genauso gehen. Und damit wird Geld kein Hindernis mehr für Ihr Unternehmen sein. Ich hoffe, dieses Buch hilft Ihnen dabei, Ihre Träume *so groß* zu verwirklichen, *wie Sie es sich wünschen.*

Da Sie zu den wenigen gehören, die das, was sie anfangen, auch wirklich zu Ende bringen (auch wenn dies eine gekürzte Fassung des Originals ist), möchte ich Ihnen zum Abschied noch etwas mit auf den Weg geben: ein paar abschließende Worte, die mir in schwierigen Zeiten geholfen haben.

Abschließende Gedanken

Du wirst nicht selbstbewusst, indem du dir vor dem Spiegel positive Sprüche zurufst. Du wirst selbstbewusst, indem du dir selbst einen Haufen unbestreitbarer Beweise lieferst, dass du der bist, der du zu sein behauptest. Überwinde deine Selbstzweifel.

Ein echter Beitrag, den ich am 25. Juli 2020 gepostet habe. Bevor ich mein Leben öffentlich gemacht habe.

***

Leila schoss dieses Foto, als ich nicht aufgepasst habe, und ich dachte nur: „Mensch, ich sehe ja total nachdenklich aus!" 😄

Wie auch immer, das ist das zweite Mal, dass wir einen Privatjet genommen haben.

Und … es war mega cool.

Die denken, wenn du mit dem Flugzeug abstürzt, rettet dich dein Sicherheitsgurt auch nicht.

Egal – an alle harten Typen, die ihre Eltern, Ehefrauen, Ehemänner, Freunde, falsche Freunde und alle anderen enttäuschen, die an ihnen zweifeln.

1. ICH BIN IHR GRÖSSTER FAN

2. Jetzt wird's ernst, also machen Sie sich bereit.

3. Sie können nicht verlieren, wenn Sie nicht aufgeben. Das habe ich mir immer wieder gesagt, wenn ich keine Lust mehr hatte, weiterzumachen. Wenn Sie sich hoffnungslos fühlen … willkommen im Unternehmertum. Wenn Sie das Gefühl haben, dass Sie es nie schaffen werden … sind Sie auf dem richtigen Weg. Wenn Sie das Gefühl haben, dass Sie alle enttäuschen, die Sie kennen … machen Sie weiter.

Denn am Ende des Regenbogens wartet kein Topf voll Gold auf Sie.

Sondern Sie selbst.

Ihr wahres Ich.

Das war die ganze Zeit in Ihrem Kopf und hat Ihnen zugeflüstert: noch ein Schritt … noch ein Anruf … noch ein Verkauf.

Wenn ich sage, dass ich Ihr größter Fan bin, dann weil ich das selbst erlebt habe. Und ich kenne Sie, weil ich GENAU weiß, wie sich das anfühlt. 100 % Selbstvertrauen und 1.000 % Zweifel. Gleichzeitig. Alles, was Sie tun müssen, ist:

Einfach weitermachen.

Weiterkämpfen.

Sich weiter verbessern.

Ihre Zeit wird kommen.

Erfolg ist die einzige Rache.

✳✳✳

Vielleicht sind Sie gerade da, wo ich war, als ich angefangen habe. Sie arbeiten in einem Betonkasten, unter grellen Neonröhren, und wollen nur noch weg. Vielleicht fühlen Sie sich total überfordert von all dem, was Sie tun müssen, um erfolgreich zu sein. Aber trotz dieser Unsicherheit sollten Sie wissen, dass alle Unternehmer, egal ob früher oder heute, diese Last mit Ihnen teilen. Ich habe das durchgemacht. Sie haben das durchgemacht. Ich teile diese Geschichten so, wie ich sie erlebt habe, damit Sie genauso davon profitieren können wie ich.

Also, hier ist mein Versprechen: Befolgen Sie die Lektionen – und das Geld kommt schon.

Seien Sie einzigartig.

Alex Hormozi, Gründer, Acquisition.com

PS: Ich habe ein paar kostenlose Extras für Sie, wenn Sie das zu Ende bringen, was Sie angefangen haben.

Kostenlose Extras

Mmh, lecker.

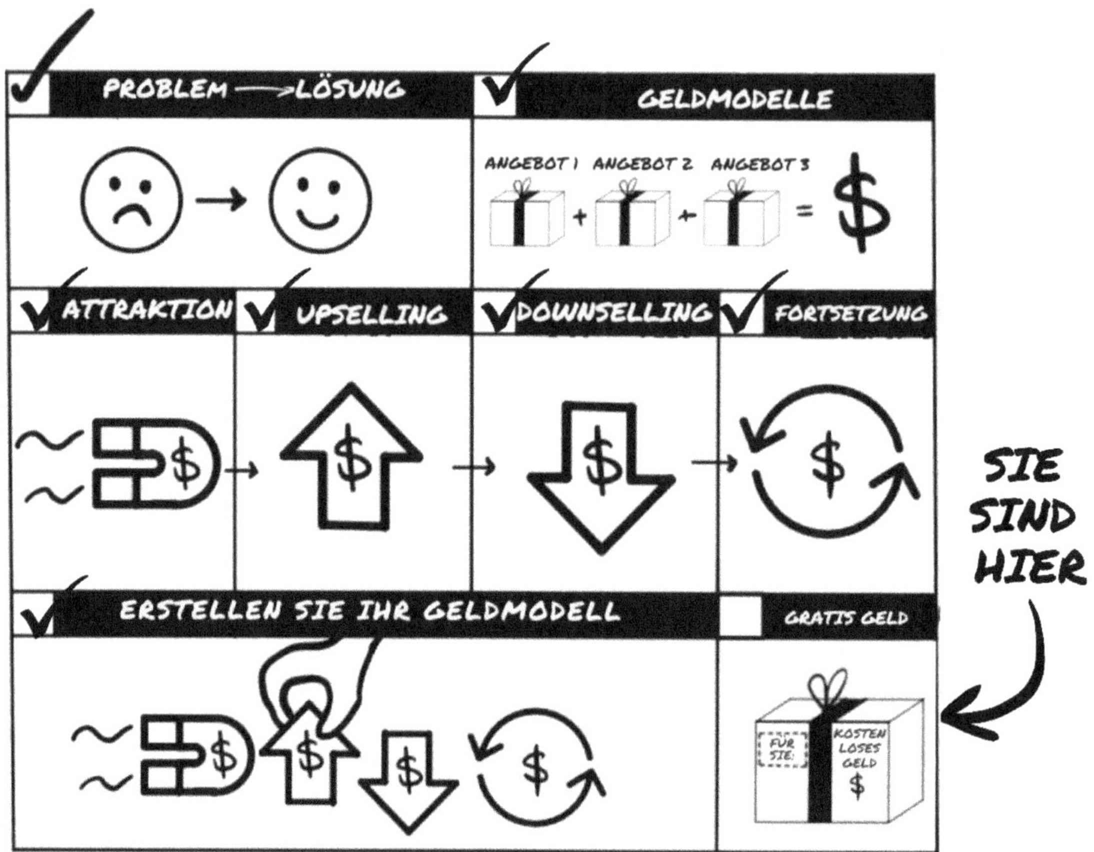

So ähnlich wie bei den Vorschauen nach dem Abspann: Wenn Sie noch dabei sind, möchte ich Ihnen ein paar Extras schenken.

1) **Wenn Sie nicht wissen, an wen Sie verkaufen sollen**, habe ich ein Kapitel namens „Ihr erster Avatar" veröffentlicht. Sie können es kostenlos auf **Acquisition.com/avatar** bekommen. Geben Sie einfach Ihre E-Mail-Adresse ein und wir schicken es Ihnen zu.

2) **Wenn Sie nicht wissen, was Sie verkaufen sollen**, können Sie bei Amazon – oder wo auch immer Sie Bücher kaufen – nach „Alex Hormozi" und „*100 Millionen Dollar Angebote*" suchen. Das sollte Sie auf den richtigen Weg bringen.

3) **Wenn Sie Probleme haben, Leute für Ihre Produkte zu begeistern,** schauen Sie mal bei Amazon (oder wo auch immer Sie Bücher kaufen) und suchen Sie nach „Alex Hormozi" und „*100 Millionen Dollar Leads*". Das sollte Sie auf den richtigen Weg bringen.

4) **Wenn Ihr Unternehmen einen EBITDA (Earnings Before Interest, Taxes, Depreciation, And Amortization = Ergebnis vor Zinsen, Steuern, Abschreibungen und Amortisationen) (Gewinn) von über 1 Million Dollar erzielt**, helfen wir Ihnen gerne dabei, weiter zu wachsen. Es macht mir große Freude zu sehen, dass Unternehmen viel größer und schneller gewachsen sind als meines, *weil sie die Fehler vermieden haben, die ich gemacht habe*. Wenn Sie möchten, dass wir uns Ihr Unternehmen genauer ansehen und prüfen, ob wir Ihnen helfen können, besuchen Sie **Acquisition.com**.

5) **Sie möchten einen Job bei Acquisition.com** oder in einem unserer Unternehmen? Wir stellen gerne Leute von #mozination ein. Die besten Ergebnisse erzielen wir, wenn wir in tolle Leute investieren. Unter **Acquisition.com/careers/open-jobs** finden Sie alle offenen Stellen.

6) Um die **kostenlosen Buch-Downloads und Video-Schulungen** zu diesem Buch zu bekommen, gehen Sie auf **Acquisition.com/training/money**.

7) **Sie hören gerne Podcasts und möchten mehr hören?** Mein Podcast ist zum Zeitpunkt des Verfassens dieses Buchs unter den Top 5 im Bereich Unternehmertum und unter den Top 15 im Bereich Wirtschaft in den USA. Sie finden ihn, indem Sie überall dort, wo Sie Podcasts hören, nach „Alex Hormozi" suchen. Oder Sie gehen auf **Acquisition.com/podcast**. Ich teile dort nützliche und interessante Geschichten, wertvolle Lektionen und die wesentlichen Denkmodelle, auf die ich mich jeden Tag verlasse.

8) **Wenn Sie gerne Videos anschauen**, haben wir jede Menge Ressourcen in unsere kostenlosen Schulungen gesteckt, die für alle zugänglich sind. Wir wollen, dass sie besser sind als alles, was man sonst so kaufen kann, und Sie entscheiden, ob wir das geschafft haben. Sie finden unsere Videos auf YouTube oder wo auch immer Sie Videos anschauen, indem Sie nach „Alex Hormozi" suchen.

9) **Und wenn Sie kurze Videos mögen**, schauen Sie sich die täglichen Beiträge auf **Acquisition.com/media** an. Dort finden Sie alle Plattformen, auf denen wir posten, und können sich die aussuchen, die Ihnen am besten gefallen.

Und zum Schluss noch einmal ein großes Dankeschön. Seien Sie einer von denen, die gerne geben, und **teilen Sie das hier mit anderen Unternehmern, indem Sie eine Bewertung hinterlassen**. Das würde mir sehr viel bedeuten. Ich schicke Ihnen von meinem Schreibtisch aus jede Menge gute Vibes für Ihr Unternehmen. Ich verbringe viel Zeit dort, also sind es jede Menge Vibes. Möge Ihr Wunsch größer sein als Ihre Hindernisse.